U0644864

森林帝国

阎崇年 著

生活·读书·新知三联书店

Copyright © 2018 by SDX Joint Publishing Company.
All Rights Reserved.
本作品版权由生活·读书·新知三联书店所有。
未经许可，不得翻印。

图书在版编目（CIP）数据

森林帝国／阎崇年著. 一北京：生活·读书·新知三联书店，
2018.8
ISBN 978 - 7 - 108 - 06051 - 8

Ⅰ. ①森…　Ⅱ. ①阎…　Ⅲ. ①满族 - 民族历史 - 研究 - 中国 - 古代
Ⅳ. ① K282.1

中国版本图书馆 CIP 数据核字（2018）第 179424 号

封面题签　阎崇年
责任编辑　张　龙
装帧设计　蔡立国
责任印制　徐　方
出版发行　生活·讀書·新知 三联书店
　　　　　（北京市东城区美术馆东街 22 号 100010）
网　　址　www.sdxjpc.com
经　　销　新华书店
印　　刷　北京图文天地制版印刷有限公司
版　　次　2018 年 8 月北京第 1 版
　　　　　2018 年 8 月北京第 1 次印刷
开　　本　635 毫米×965 毫米　1/16　印张 15
字　　数　168 千字　图 18 幅
印　　数　0,001 - 5,000 册
定　　价　59.00 元
（印装查询：01064002715；邮购查询：01084010542）

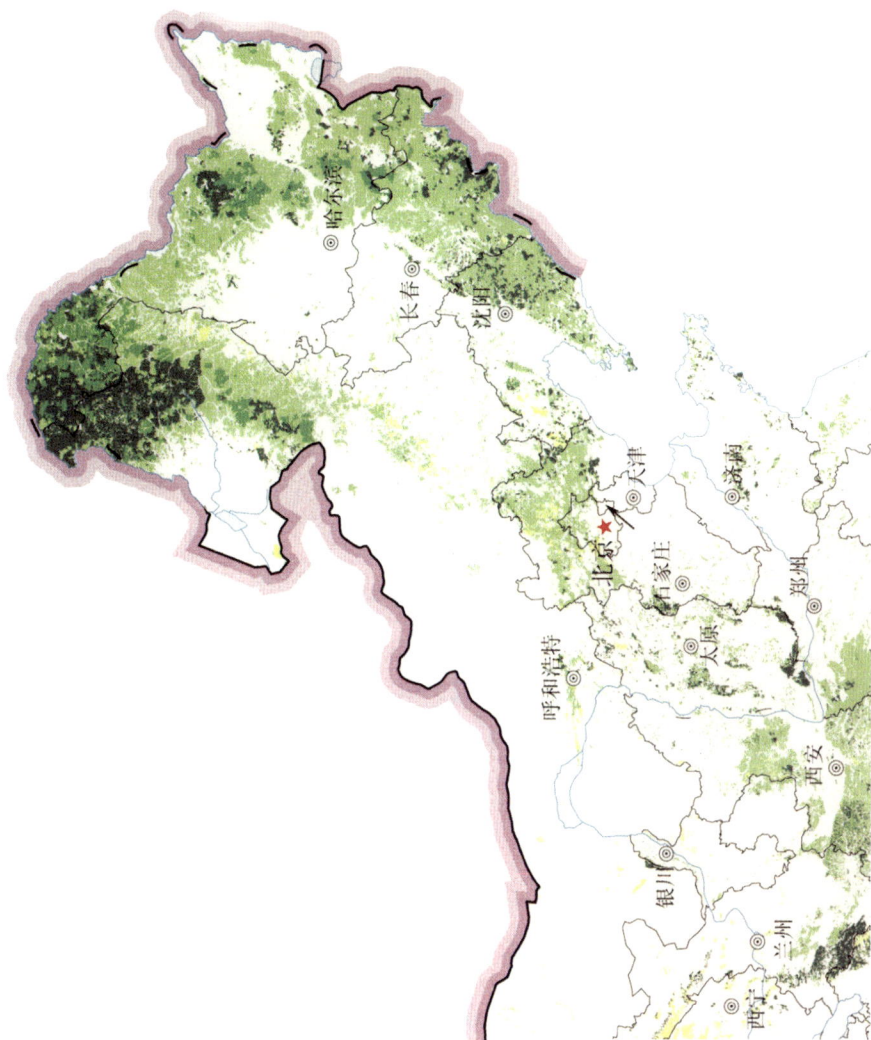

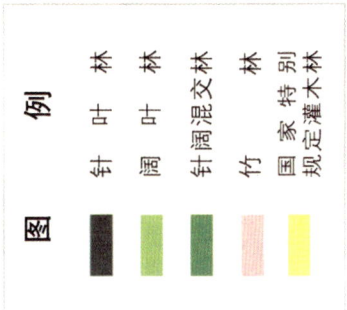

东北地区森林分布示意图

图　例

■	针　叶　林
■	阔　叶　林
■	针阔混交林
■	竹　　　林
■	国 家 特 别 规定灌木林

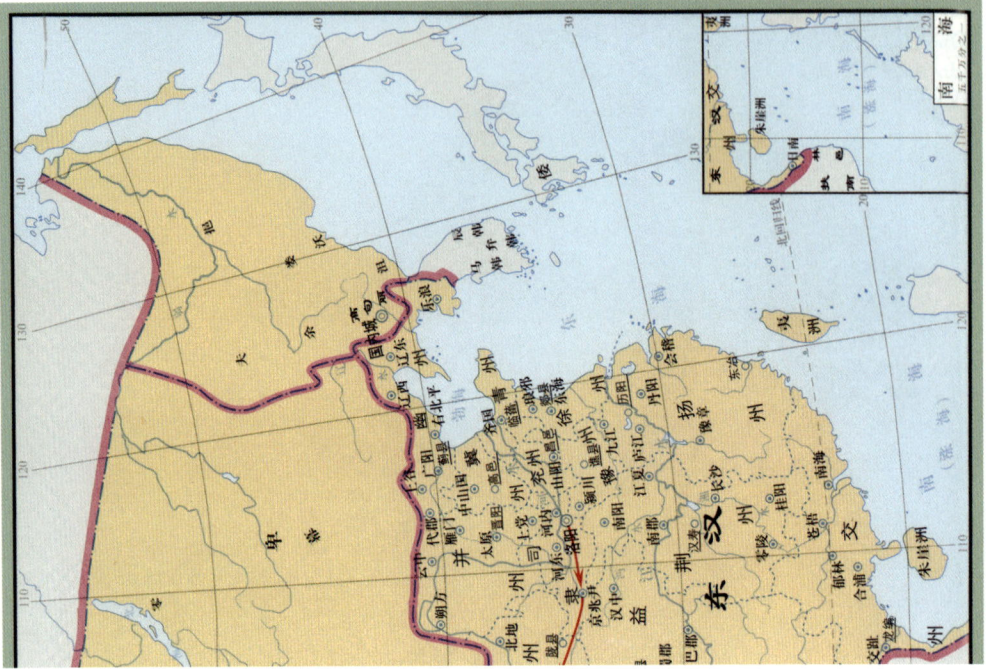

商代青铜所在区域示意图

唐代渤海国疆域示意图

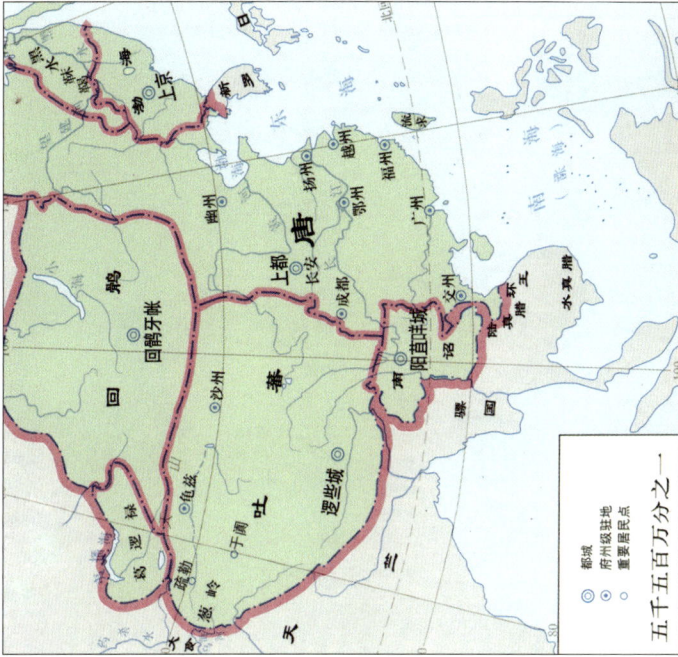

唐代渤海国疆域示意图

渤海 上京
新
日
幽州 扬州
鄂州 福州
长安 成都 广州
上都 交州
鹘 回鹘牙帐 阳直祥城 安南 环王
回 秦 沙州 诏
吐 逻些城
吐蕃 龟兹
疏勒 于阗 葱岭
天 天

都城
府州级驻地
重要居民点

五千五百万分之一

南北朝勿吉所在区域示意图

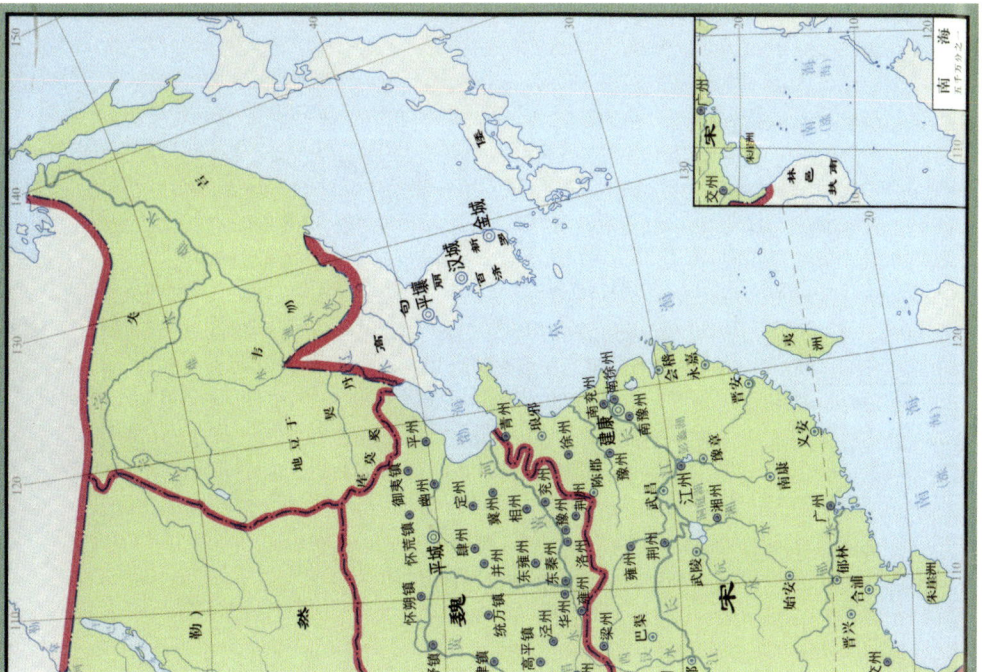

南北朝勿吉所在区域示意图

南海

宋
交州
林邑

魏
金城
汉城
平壤
句丽

宋

广州
合浦
晋兴
郁林

辽代疆域示意图

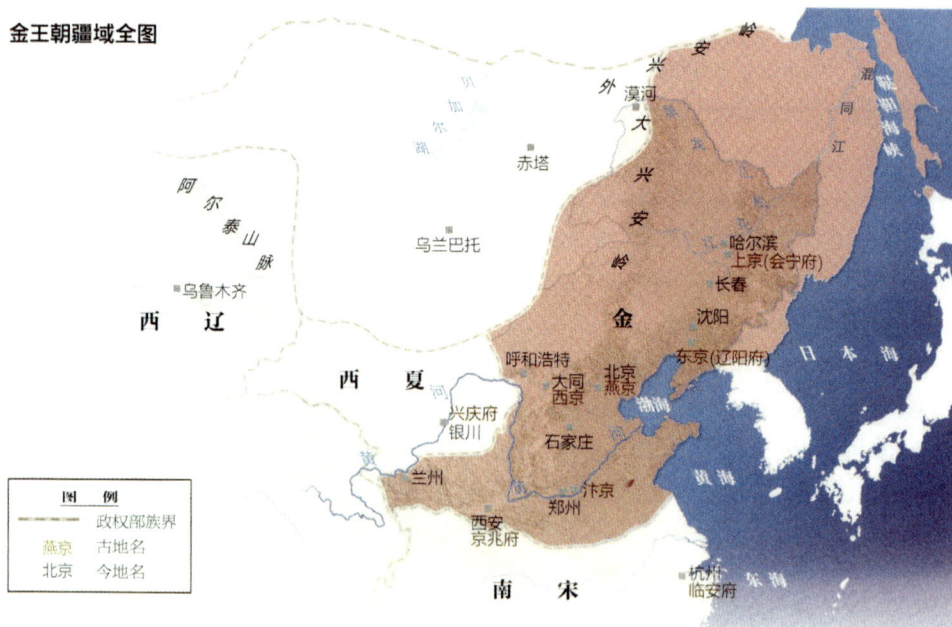

金代疆域示意图

明代女真分布示意图

图　例

政权民族界
今国界
古地名
今地名
剌鲁卫
哈尔滨

（主要地名）

日本海
鞑靼海峡
萨哈林岛（库页岛）

奴儿干都司
兀者
海西
建州
女真

京师
北京
顺天府
辽东都司
辽东
渤海

兀良哈
乌兰巴托

骨雕鹰首　新石器时代　黑龙江省密山市新开流遗址出土

鱼卡子　新石器时代　黑龙江省密山市新开流遗址出土

粟末靺鞨石俑　唐代　辽宁省朝阳市黄河路唐墓出土

金上京会宁府遗址

上左　阿城亚沟石刻男像
上右　铜坐龙　金代　黑龙江省阿城金上京会宁府遗址出土
下　　春水玉饰件　金代　吉林省舒兰县完颜希尹家族墓出土

赫图阿拉故城内建筑基址

沈阳汗王宫遗址

丛簿围猎图　清代

目 录

第一章

引言：赫图阿拉之问

本书以"赫图阿拉之问"作为"引言"，分作三目，简略阐述。

一 问题缘起

赫图阿拉，今辽宁省抚顺市新宾满族自治县永陵镇赫图阿拉村。赫图阿拉是满语的汉语音译，hetu 原意是横，ala 是岗，汉语直译作"横岗"，也译作"平顶山"。赫图阿拉是一座小山城。这是"女真多山城"的一例典型。赫图阿拉的地形罕见，地貌奇特，呈椭圆柱形，平地凸起，像一个"高桩馒头"，高 10—20 米，上筑城墙，高约 6 米。它三面环山，四面临水，凭借天险，易守难攻。它土壤肥沃，雨量充沛，气候较温，宜于生存。赫图阿拉周围，漫山遍野森林覆盖，至今森林覆盖率达 80%，负氧离子在每立方厘米 20000 个以上，PM2.5 在 10 微克/立方米以下。赫图阿拉内城面积 246000 平方米，合 369 亩，相当于北京故宫面积的三分之一。山上只有一口井，今人称作"汗王井"，已历 600 多年，至今井口水距离井旁地面，经实测仅为 3 厘米，伸手可掬，常年充盈。赫图阿拉的地理区位，西距抚顺约 100 公里、距沈阳约 200 公里，远离辽河平原重镇辽阳，既可隐蔽信息、暗自发展，又可进军开拓、图谋大业。这里是满洲发祥的基地，也成为森林帝国崛起的基地。

努尔哈赤以赫图阿拉为基地，统一女真各部，创制满文，创建八旗，建立后金，建元天命，黄衣称朕，奠定了清朝的根基，也奠定了森林帝国的基业。赫图阿拉被清尊为"兴京"，就是清朝兴起的京城。后金天命六年即明天启元年（1621），努尔哈赤夺取沈阳、辽阳，进入辽河平原。同年，努尔哈赤迁都原明朝辽东首府——辽阳。清尊辽阳为东京，就是清朝东部的京城。后金天命十年即明天启五年（1625），努尔哈赤再迁都沈阳。清尊沈阳为盛京，就是清朝兴盛的京城。清顺治元年即明崇祯十七年（1644），顺治帝（时清睿亲王多尔衮摄政）又迁都燕京（今北京）。从此，清朝定鼎北京，入主中原，统一全国，稳定政权，长达 268 年，成为继西汉、唐、明之后，中国历史上第四个二百年以上的统一皇朝，也是中国五千年文明史上第一个由非汉族皇帝君临天下两百年以上的大一统皇朝。[1] 这里提出一个问题：清朝缘何由几十万人口、十多万军队，战胜明朝一万万人口、一百多万军队？并打败李自成、张献忠数百万农民军队，且巩固统治长达 268 年之久？这个满族以少胜多、且巩固其长期统治的问题，实际上是几百年来很多人经常关心、不断叩问的问题。而问题的起点是在清朝发祥地赫图阿拉，所以我把这个问题称作"赫图阿拉之问"。

问题的缘起，是在 20 世纪 90 年代的一天，著名学者、中共北京市委分管文化工作的副书记王光先生，在北京社会科学院高起祥院长陪同下，来到我家。在谈话间，王光先生对上述问题作

---

[1] 阎崇年：《清朝开国史》，中华书局，2014 年。

了自己的认知、理解和表述。他说：

> 当年，毛泽东主席提出一个问题：满族是一个只有几十万人口的民族，军队也不过十万人，怎么会打败约有一万万人口、一百万军队的明朝呢？而且，满族人建立清朝并巩固其统治长达二百六十八年，这究竟是什么原因？后来周恩来总理再次提出这个问题，请大家研究一下。周恩来总理逝世已经二十多年了，至今也未曾看到有回答这个问题的论著。您研究清史，希望您回答这道历史难题。

我当即表示，这道历史难题很重要，应当回答；但是，我个人才疏学浅，知识和能力有限，恐怕回答不了这道难题。王光先生说："不必着急，积累材料，慢慢思考，不设时限。"由是，王光先生把"赫图阿拉之问"，直接摆到了我的面前。

在清史研究的过程中，我时常思考"赫图阿拉之问"——读书时、著述时、行路时、品茶时，甚至于夜眠朦胧时，试图破解这道难题。当然，一道几何证明题，可以有多种的证法；一道代数计算题，可以有多种的解法——其结果是"殊途同归"。同样，研究一个重大历史问题，可以依据不同史料，通过不同方法，进行不同论证，得出相同结论。

实际上，关于"赫图阿拉之问"，百年来，学人已从不同角度尝试着作了回答，例如：

"征服说"。强调满洲军事征服、民族压迫，进而认为中国被满洲灭亡了（"满化"了）。这种史观影响很大、很久、很广，但这无法解释清朝为什么能够统治那么久，而没有像元朝那样迅速被推翻。

"汉化说"。强调满洲吸收汉文化元素（包括满汉地主阶级的联合），进而认为满洲被汉化了。然而，直到清朝灭亡，满洲虽有汉化的元素，但汉化很不彻底，满族作为一个民族依然存在。

"政策说"。强调清朝一些具体政策，比如军事上建立绿营、政治上任用汉臣、经济上摊丁入亩、文化上开科取士等。这些都对清朝的统一和延续有作用，但解释力还是不够。

满洲先民有史可征，从商周的肃慎、秦汉的挹娄、魏晋的勿吉，到隋唐的靺鞨，其中包括夫余等，一直活跃在中国的东北森林地区。公元 10 世纪后，契丹建立的辽朝和女真建立的金朝，先后从东北出发，占据中国的半壁江山。直到明代建州女真在东北崛起，建立后金－大清，入主中原，成为中国皇朝史上最后一个大一统的朝代。那么，是什么神秘力量，联结起了这条绵延三千年的历史脉络？

东汉著名哲学家王充（27—约 97）的名著《论衡》中，讲到一个神话故事，我从中撬开了一道罅隙，得到了一丝启发。《论衡·吉验》记载：

> 北夷橐离国王，[1]侍婢有娠，王欲杀之。婢对曰："有气大如鸡子，从天而下，我故有娠。"后产子，捐于猪溷中，猪以口气嘘之不死；复徙置马栏中，欲使马藉杀之，

---

[1]《后汉书·东夷列传》的记载，文字略有不同，引录如下："初，北夷索离国王出行，其侍儿于后妊身，王还，欲杀之。侍儿曰：'前见天上有气，大如鸡子，来降我，因以有身。'王因之，后遂生男。王令置于豕牢，豕以口气嘘之，不死。复徙于马栏，马亦如之。王以为神，乃听母收养，名曰东明。东明长而善射，王忌其猛，复欲杀之。东明奔走，南至掩淲水，以弓击水，鱼鳖皆聚浮水上，东明乘之得度，因至夫余，而王之焉。"中华书局点校本，1965 年。

马复以口气嘘之不死。王疑以为天子，令其母收取奴畜之，名东明。令牧牛马。东明善射，王恐夺其国也，欲杀之。东明走，南至掩㴲水，以弓击水，鱼鳖浮为桥。东明得渡，鱼鳖解散，追兵不得渡。因都王夫余，故北夷[1]有夫余国焉。[2]

这个故事生动而又通俗地讲道：北夷橐离国王的侍婢怀孕，后来生下一个儿子。国王不喜欢这个儿子，命丢弃到猪圈里，猪用气嘘这个孩子，孩子得以不死；又命丢弃到马厩里，想由马将其踩踏死，而马又用气嘘这个孩子，孩子又得以不死。国王怀疑这个孩子是上天之子，让其生母抚养他，取名东明，并命他牧放牛马。东明擅长骑射，国王怕他长大之后夺了王位，打算派人刺杀东明。东明闻讯逃走，国王派兵追杀。东明逃到掩㴲水，用弓击水。这时鱼鳖组成一座浮桥，东明得以渡过。追兵赶来时，鱼鳖散去，浮桥消散，不得径渡。后来东明做了夫余国王，东夷才有了夫余国。

这个神话故事说明，满洲先世夫余之人，在内养猪，在外骑马，善弯射，居定所，既狩猎，又捕鱼，过着渔猎生活。

我由此得到一点启发：不妨从森林文化的视角，探索满洲－清朝发展的历史与演进，进而解答"赫图阿拉之问"。

于是，放开眼界、放远视野：在亚洲的东北部，有一片广袤的土地，穿流着多条江河，分布着连绵山峦，生长着茂密森林，可谓森林莽莽，遮天蔽日，地域辽阔，江河奔流。这里，

---

〔1〕 北夷，《后汉书·东夷传》作"东夷"，应以东夷为是。

〔2〕 王充：《论衡·吉验》，诸子集成本，上海书店出版社影印本，1986年，第18—19页。又见《魏略辑本》卷二一。

史载："松林千里无际，皆太古时物"，"树海绿天数千里，万产愤盈，参蜜貂鹿，利尽海表"。[1]这片广阔的森林地带，处于东经120°—145°，北纬42°—70°之间。这里，居住着很多族群，有特殊的生活方式，有独特的文化形态。从公元前17世纪到17世纪的三千多年间，[2]这里的森林文化，逐渐孕育出清朝这个森林帝国。

与这片森林地带，通过大兴安岭，东西相望、彼此毗连的是欧亚大草原。而那片欧亚大草原，蓝天白云，鹰隼翱翔，草原茵绿，空气清新，四无边际，苍穹如盖。可谓"天苍苍，野茫茫，风吹草低见牛羊"。[3]其经济文化特征，为草原文化。从秦汉匈奴到元朝蒙古，这里的草原文化，曾经孕育出蒙古草原·帝国。

中国东北部地域的森林与西北部地域的草原，在地域上连成一片，因而往往被混为一体。森林文化的独特光芒，常常被掩映在草原文化的光影之下。实际上，森林文化和草原文化各具特色，各展异彩，对比鲜明，值得研究。

在东北亚这片森林大地上，劳作生息繁衍的族群和部民，他们的文化形态，我称其为"森林文化"[4]。森林文化概括了东

---

〔1〕 魏源：《圣武记》卷一，上海中华书局据古微堂原刻本校刊本，第11—12页。

〔2〕 地球北半球的森林带，早于人类出现。因本书研究人类文明史，故不涉及此前的历史。

〔3〕 《乐府诗集·敕勒歌》记载："敕勒川，阴山下，天似穹庐，笼盖四野。天苍苍，野茫茫，风吹草低见牛羊。"这正是茫茫草原的景象。

〔4〕 严格说来，在地球北半球冻土带以南，北纬42°以北，包括欧洲、亚洲和北美洲的陆地，存在一条森林带。南半球的森林带，因与本书研究无关，故略而不述。

北亚的历史、文化、语言、宗教、族群、经济、社会、习俗、饮食、起居等方面的共同特征，对中国的草原文化、高原文化、海洋文化，尤其是对中原农耕文化，产生了巨大而悠久、广博而深远的历史影响。可否以森林文化为视角、为方法论，探究并解答"赫图阿拉之问"呢？

二　研究思路

历史学的研究，有阶级史观、英雄史观、宗教史观、经济史观、帝王史观等不同视角。拙著《森林帝国》一书，以森林文化为视角，作为研究线索，把我的思考、我的探索、我的新见、我的论证，按时序，分地域，列章节，摆资料，陈叙述，做论析，期贤者，共讨论。

在中国两千多年帝制史上，中华文明帝国曾表现为农耕帝国、草原帝国和森林帝国三种形态。其共同特征是，以某一文化形态为纽带，实现文化的多元一统。本书对"赫图阿拉之问"的解答思路是，满洲实现了女真内部的统合，又完成了东北森林文化的统合，继以森林文化为枢纽，统合了农耕文化、草原文化、高原文化和海洋文化，实现了中华文明的大统合，建立了后金-大清这个森林帝国。这是清朝兴起、统一、鼎盛和延祚的文化根因。

这个探索与研究思路的要点是：

1. 中华古代文明主要是由五种文化形态构成的，即农耕文化、草原文化、森林文化、高原文化和海洋文化。各种文化之间，相互碰撞、统合，彼此交汇、融合，但是每一地域均有其主导文化，地域与文化的对应关系：中原农耕文化、西北草原文化、东北森林文化、青藏高原文化、沿海暨岛屿海洋文化。上述各文化是中华历史舞台上的主角，它们的碰撞、交流、统合、演进，构成了中华文明史的主要内容。

2. 东北森林文化是一种独立的文化形态，它尤其区别于毗邻的西北草原文化和中原农耕文化。这种区别根源于地理因素和人为因素、自然因素和社会因素，表现在生产领域、生活领域，进而扩展到物质生活和精神生活的范围。

3. 森林文化、森林帝国、中华文明五种文化形态概念的提出，不仅有助于分析、研究和阐述森林帝国取得政权和巩固政权的文化根因，而且有助于澄清两个认识误区：第一，认为中华文明帝国只有一种文化形态；第二，认为文化统合就是文化征服，或文化同化。中华文明之博大，在于其文化多元；中华文明之绵延，在于其文化统合。中华文明发展的宝贵经验在于两个字——"合"与"一"，实现中华文化多元统合，形成中华民族多元统一。

4. 女真-满洲属于森林文化，它能够突破地理局限，走出东北、统一中国，其关键原因在于能够依托森林文化，统合其他文化——农耕文化、草原文化、高原文化和海洋文化。其统合的过程，分为四个阶段：

一是预备阶段。商周到隋唐，森林文化逐步兴起，与农耕文化碰撞融合，其主要标志是渤海政权等。

二是尝试阶段。在辽、金时期，森林文化继续壮大、拓展，开始进入中原；探索既保留森林文化内核、又统合农耕文化元素的方案，其主要标志是辽、金两朝的尊孔读经、兴学科举等。

三是发展阶段。明朝建州女真南迁，建立后金-清政权，加强与农耕文化和草原文化的统合，其主要标志是建州女真的"文化三元"、努尔哈赤建立后金、皇太极调整政策、建立大清等。

　　四是鼎盛阶段。清朝前期，满洲入关，针对中原、蒙古、回疆、藏区、海岛等不同地域、不同族群、不同文化、不同宗教，采取不同的文化统合策略与措施，建立森林帝国。

　　本书提出的新理念，如森林文化、森林帝国、文化统合等。在这里，做个简要诠释：

　　森林文化是指北半球冻土带以南的一条森林文化带，其各族群的部民，过着定居生活，为渔猎经济，兼以蓄养、采集等。

　　森林帝国是指以森林文化为纽带，统合农耕文化、草原文化、高原文化和海洋文化，所建立的多元统一的中华文明帝国。它是帝国，因为它是帝制的，又是文化多元的；它是森林帝国，因为它以森林文化作枢纽，并统合多元文化。

　　文化统合是森林文化一个突出特点。在中国古代社会五种文化形态中，农耕文化是一门一户的个体农桑经济，草原文化是一帐一户的个体游牧经济，高原文化是一家一户的个体自然经济，海洋文化是一船一户的个体捕捞经济；但是，森林文化部民虽是一家一户定居生活，其文化的一个特点是狩猎中的"围猎"，也叫"合围"。这是森林文化形态所具有的特征。如《礼记·王制》记载："天子不合围。"[1]在非森林文化地区，个别狩猎、合围也有，但不成为其主要的生产方式和生活方式。围猎的特点是"合"。八旗组织源于"围猎"。因此，"合"是森林文化的一个鲜明特点。森林文化的部民重"合"，就是注重统合。"统合"是清朝"三祖三宗"——太祖努尔哈赤、太宗皇太极、世祖顺治帝、圣祖康熙帝、世宗雍正帝、高宗乾隆帝，执政的

─────────────

〔1〕《礼记》卷一二《王制》，十三经注疏附校勘记本，中华书局影印本，第105页。

一个核心理念、基本国策。当然，这里也有文化碰撞，有时激烈，甚至残酷，但大的趋势，还是在统合。

统，《说文解字》："统，纪也。"纪，《说文解字》："纪，别系也。""正义"解释："系必有其首，别之是为纪。众系皆得其首，是为纪。"又"笺"曰："南国之大川，纪理众水。"段玉裁引《淮南子·泰族训》曰："茧之性为丝，然非得女工煮以热汤而抽其统纪，则不能成丝。"所以，统，就是理出丝的头绪。

合，《说文解字》："合，亼口也。从亼口。"段玉裁注："三口相同是为合。"

由上可见，统合的原意是从茧中抽出一根头绪，并理出丝来。人们从这个朴素的现象中，找到一个治国、治军、治学、治企的要领、理念、方法和策略，就是"统合"。统而合之，合则大，合则强，合则兴，合则安。这应是森林帝国从赫图阿拉走向辽河，走进山海关，走入中原，最后走向统合全中华的历史宝鉴。

三 本书意义

本书或有益于学术探讨：

1. 就清史而言，对"赫图阿拉之问"作出文化解答。这里，所谓文化是指人类创造的物质财富和精神财富的总称，它以地理要素及其社会要素为基础，既包括生产和生活的形态，又包括物质和精神的样态。

2. 就中国历史而言，将中国历史自商周以降三个千年，概括为五大文化形态相互碰撞、交流、统合、演进的过程。中国历史舞台上的主角，既可以是阶级、族群、宗教、君王等，更可以是文化。

3．就东北亚乃至全球历史而言，提出建立森林文化史学的课题，主张重视森林文化在中国、在东北亚和在全球历史中的地位及其作用。在东北地区的同一纬度带上，存在着一条森林文化带，这一范围内的各个地域、各个族群，不仅文化相似，而且命运相通。

满洲森林帝国的"三祖三宗"，经过约二百年的奋争，统合了中华各地域、各民族，才开创了大清帝国。可以说，作为大国的政治家，都想将国家治理成统一强盛的大帝国，但只有少数杰出政治家充分利用多种统合因素并取得成功才有可能实现。

这就是本书问题缘起和格物求知的历程。《森林帝国》之全书，纵向以森林文化统合为脊骨和梁架作经线，横向以时间和空间的演变与交合作纬线，分作10章34节，按照森林文化统合、演进的轨迹，依据森林文化与草原文化、农耕文化、高原文化、海洋文化等碰撞、统合的历史，进行历史与逻辑的阐述，并以论文《森林文化之千年变局》作为附录。

书前配有插图18幅，书后附以参考书目，利于查阅，方便读者。

仅以上面文字，作为本书引言。

第二章
中华文化地图

森林文化在中国，可以从横向与纵向做考察：以横向来说，森林文化与农耕、草原、高原、海洋诸文化，各占有多少面积，有着何种地位？以纵向来说，其历史演变历程占有多长时间，有着何种变化？纵横考察，综合分析，找出其历史发展、文化统合的历史脉络。

一　五种文化形态

中华文明是多元的集合体，它主要包括农耕文化、草原文化、森林文化、高原文化和海洋文化。这五种文化各有其核心地域，各有其地理、生产和生活特征；各文化形态是中华历史舞台上的主角，它们的交流、融汇、统合，构成了中华文明史的主要内容。

为了说明这个问题，我们看一下中华文化在明清盛时的历史文化地图。在明清盛时，其文化的地理范围，按生存环境，绘历史地图，虽较粗略，亦欠准确，仅做比较，冀求讨论。[1]

---

[1]　阎崇年：《森林文化之千年变局》，载《辽宁大学学报》（哲学社会科学版）2014年第1期。

　　在中国古代，中原农耕文化分布很广，其重心在长城以南的中原地区，主要地域包括黄河、淮河、长江、钱塘江、珠江流域等，其约相当于现今面积：北京（1.68）、[1]天津（1.1）、上海（0.6）、重庆（8.23）、河北（19）、山西（16）、河南（17）、山东（15）、陕西（20）、甘肃（40）、宁夏（6.6）、江苏（10）、浙江（10）、安徽（14）、江西（17）、福建（12）、湖南（21）、湖北（19）、广东（18）、广西（24）、四川（49）等21个省区市，共339.21万平方公里，其中如川西北主要是高原，其面积30多万平方公里。因此，黄河、淮河、长江、钱塘江、珠江流域等中原农耕文化核心地域面积达300多万平方公里。

　　西北草原文化，分布极为广阔，其主要地域东起大兴安岭，南临燕山、长城和天山一线，西迄巴尔喀什湖地带，北达后贝加尔湖一线。明清盛时草原文化地理范围：漠南蒙古分布于今内蒙古自治区（118），漠北喀尔喀蒙古分布于今蒙古国（156.5），以上面积共近275万平方公里。还有天山以北漠西厄鲁特蒙古（西蒙古）地区，即今新疆天山以北、阿尔泰山以南准格尔草原等地域，贝加尔湖以东以南布里亚特蒙古（北蒙古）地域等。总之，在明清盛时，西北草原文化区域的面积，合计为300多万平方公里。

　　东北森林文化，分布极为辽阔，在明清盛时，其主要范围，西起大兴安岭以东，南抵长城一线，东达大海，北到后贝加尔湖、赤塔、外兴安岭、库页岛、雅库茨克一线。它包括：今辽宁省（15）、吉林省（19）、黑龙江省（46），共80万平方公里；乌苏里江以东至滨海地区约为40万平方公里，黑龙江以北、外兴安岭以南约为60万平方公里，还有贝加尔湖以东以

---

〔1〕　以万平方公里（平方千米）计。

南、大兴安岭以北、尼布楚至乌第河等地域，其面积总数约为300万平方公里。

西部高原文化，主要包括今西藏（123）、青海（72）、云南（39）、贵州（18），总面积252万平方公里，还有川西高原地域等；另从高原地域看，青藏高原（250）、云贵高原（50），总数亦约为300万平方公里。

东北、东部、东南、南部暨沿海岛屿海洋文化，明清盛时的地理范围，包括今黑龙江、吉林、辽宁、河北、天津、山东、江苏、上海、浙江、福建、广东、广西、海南等省区市，即从鄂霍次克海、鞑靼海峡、日本海、渤海、黄海、东海到南海的沿海地域及今台湾岛（3.6）、海南岛（3.4）、香港（0.11）、澳门（0.0025），以及南海诸岛屿——东沙群岛、西沙群岛、中沙群岛、南沙群岛等，直至曾母暗沙。海岛及沿海的海洋文化，其领土与海疆的面积，本书不做统计。海洋文化虽然非常重要，却是从来没有在中央政权占据主导或主体的地位，而农耕文化、草原文化、森林文化执政者又缺乏海洋文化基因，海洋文化是中国两千多年皇朝史上的一块文化短板，成为后来屡败于从海上打来的西方和东方列强的一个重要文化原因。

总之，以上列出并简析了中国森林文化的地理范围。上述森林文化地图及其统计数字，清楚表明了森林文化客观存在的历史事实。森林文化就其历史地图而言，它在中华历史文化中的重要分量与重要地位，可谓：如鼎之足，支撑华夏。

有观点认为，东北地区处在草原文化与农耕文化的双重边缘，不具有文化的独特性，且认为在中华文明中居于较为次要的位置。或者将森林文化与草原文化都划为"牧区"。这种解释的缺陷在于：忽视了森林文化的特殊性和重要性，低估了森林文化在中华文明中的重要地位和重要作用。

　　森林文化在中华发展史上，由小到大，由弱到强，盛衰更替，分合变化，逐渐发展成为政治与军事、经济与文化、内事与外事、社会与族群的强大力量，终于在明朝晚期，满洲崛起，建立清朝，定鼎北京，一统中原，统合华夏。森林文化的历史演进，下面进行阐述。

二　三个千年变局

　　虽然农耕文化、草原文化、森林文化、高原文化和海洋文化，都对中华文明发展起过重要的历史作用；但是农耕文化、草原文化、森林文化在中华文化有文字记载的三千多年历史演进中，发挥着更为重大的影响，产生着更为重大的作用。观察中华历史的走向，研究历史演进的趋势，不仅要看几个十年，要看几个百年，而且更要看几个千年。中华文明史是多元文化走向统合的历史。从千年宏观的视野，依文化的形态，做出文化梳理，进行逻辑分析，就中华文化演进脉络而言，按照统合的焦点不同，三个千年发生过三次大的历史变局。

　　第一个千年，主要是商周时期（公元前17世纪—前221年），大数算是千余年，地域分布极其广泛，但重心在黄河中下游和渭河中下游流域等。殷纣无道，武王东伐，朝歌之战，血流漂杵，建立周朝，奠都镐京，史称西周；西周东迁，移鼎雒邑（今洛阳），[1]史称东周，分为春秋和战国两个阶段。北方的齐鲁、燕赵、秦晋、河洛等，南方的吴越、楚湘、巴蜀、

───────────

〔1〕《史记》卷一三〇《太史公自序》，中华书局点校本，1959年，第3297页。

两粤等，各个地域，各个族群，各个集团，各方诸侯，争战，厮杀，胜败，强弱，盛衰，进退，分合，兴替，为此而付出惨烈的代价。于春秋，孟子说："春秋无义战。"[1]司马迁说："春秋之中，弑君三十六，亡国五十二，诸侯奔走不得保其社稷者不可胜数。"[2]诸侯尚如此，何况庶民乎！战国时期，在通向一统的路上，往史惨烈，骇人听闻："伏尸百万，流血漂卤[3]"。[4]仅战国时秦将白起，先后斩杀八十九万余人，其中秦赵长平之战，坑杀四十五万人！后白起引剑自刎前哀叹道："长平之战，赵卒降者数十万人，我诈而尽坑之，是足以死。"[5]白起也以自杀为时代付出了生命的代价。盘庚七迁，殷亡周兴，西周东迁，春秋五霸，战国七雄，国都纷呈，中心多元。历史发展的结局是，秦始皇统一六国，"六王毕，四海一"[6]，出现"车同轨，书同文"[7]的六国一统的局面，在中原地域实现中华文化的第一次大统合。但是，秦祚历史短暂——始皇称帝，冀图万世，"仁义不施"，愚弱黔首，专制暴戾，二世而斩，帝国大厦，轰然倒塌，仅十五载，天下笑焉。刘汉取代嬴秦。

这次历史文化大统合，主要是农耕文化各地域、各方国的大统合。这个统合后的中原农耕文化的族群，被称为汉族，被

〔1〕《孟子·尽心下》，宋十三经注疏本附校勘记本，中华书局影印本，1980年。

〔2〕《史记》卷四《周本纪》，第149页。

〔3〕《史记》"集解"徐广曰："卤，楯也。"

〔4〕《史记》卷六《秦始皇本纪》，第279页。

〔5〕《史记》卷七三《白起列传》，第2337页。

〔6〕杜牧：《樊川集·阿房宫赋》，上海古籍出版社，2009年，第1页。

〔7〕《史记》卷六《秦始皇本纪》，第239页。

认为是汉族形成之始。

在这个千年里，浸润着东北森林文化的肃慎，已经同中原王朝发生着联系，如"肃慎氏贡楛矢、石砮"。[1]肃慎进贡打猎工具矢和砮，交往频繁，史不绝书。

第二个千年，从秦初到唐末（公元前221—907），大数算也是千年，地域也更加广阔。这个时期，除中原地区农耕文化内部继续冲突与融合外，又注入了新的文化元素，就是西北草原文化。在这个千年里，农耕文化与草原文化的碰撞与统合，出现过三次浪潮：第一次是秦汉与匈奴，第二次是魏晋南北朝与鲜卑等，第三次是隋唐与突厥。匈奴，被列入纪传体正史之首的《史记》，载有《匈奴列传》，还有相关的《李（广）将军列传》和《卫（青）将军骠骑列传》，这三个列传合计21000余字，约占全书总字数的1/25，所占比例，颇为可观。而后，《汉书》有《匈奴传》《西域传》（各上下两卷）共列51节，《后汉书》则有《西域传》《南匈奴列传》。这些既说明匈奴与西域在此期历史演进中的重要地位，也记录了农耕文化与草原文化的碰撞与统合，匈奴、鲜卑和突厥，先后作为草原文化的代表，成为当时政治与文化舞台上的重要角色。秦始皇派蒙恬率三十万大军守边，并连接秦、赵、燕等长城；汉高祖刘邦亲率大军出击匈奴被围平城，[2]七天七夜，几乎被俘，陈平施计，金钱美女，利色相诱，得以脱身；卫青、霍去病等出征匈奴；张骞通使西域；唐太宗大战突厥……都是农耕文化与草原文化

---

[1] 《国语》卷五《鲁语下》，清嘉庆五年（1800）黄氏刻本，第11页下。

[2] 平城：今山西省大同市大同县。按：平城有三，一曰平城，汉高祖刘邦被匈奴围困处；二曰新平城，拓跋猗卢所筑，在今山西省山阴县；三曰小平城，为秦蒙骜所破者，今山西省朔州市。

碰撞与统合的气象。

汉、唐两大帝国出现在世界东方，既是中原农耕文化发展的结果，更是中原农耕文化与西北草原文化统合的结果。中华文化出现了第二次大统合。

这个时期，从镐京、咸阳，经西安，到洛阳，政治中心东西摆动，但以长安（西安）为重心。当然，也为此付出了惨重代价。苏武牧羊，李广自刎，昭君出塞，使节往来，和亲互市，酒谷馈赠，蔡文姬《胡笳十八拍》的悲剧，花木兰代父从军的故事，欢歌而又哀泣，凄美而又悲凉！

在这个千年里，满洲先人建立渤海政权，得到唐朝皇廷的册封。由上个千年的朝贡，到这个千年的建立地域性政权，表明东北森林文化的力量有了明显的成长与壮大。

第三个千年，从辽宋到明清（907—1911）。辽、北宋、金、南宋、西夏、元、明、清，历经八代九十帝，大数算也是千年。中原农耕文化、西北草原文化继续冲突与融合，东北森林文化则登上中原历史舞台。先是，森林文化的代表女真，经过商周肃慎、秦汉挹娄、魏晋勿吉、隋唐靺鞨的酝酿发酵，建立金朝，与南宋对峙，占有半壁河山；继是，南宋亡，元朝兴，一代天骄，成吉思汗，铁骑劲旅，驰骋欧亚；后是，满洲崛兴，定鼎燕京，入主中原，为中原农耕文化与东北森林文化大搏击、大碰撞的集中展现。

这个时期，从阿城[1]，经临潢[2]、沈阳、燕京、开封、金陵（今南京），到临安（今杭州），政治中心南北摆动，但以北京为

---

〔1〕 阿城，今黑龙江省哈尔滨市阿城区境。

〔2〕 临潢，今内蒙古自治区赤峰市巴林左旗林东镇境。

重心。北京，就是在农耕文化、草原文化、森林文化以及高原文化、海洋文化的交融下，逐渐由方国蓟、燕的都城，发展为北方军事重镇、北中国政治重心金中都，再到全国政治中心元大都和明清都城北京。大碰撞，大统合，大争战，大发展，为此付出了沉重的代价。杨家将之故事，岳武穆之精忠，文天祥之丹心，朱元璋之义旗，袁崇焕之磔死，史可法之壮烈，顾炎武之气节，张煌言之英魂，以及"扬州十日"之悲歌，"嘉定三屠"之惨烈，还有汤显祖《牡丹亭》之凄婉，孔尚任《桃花扇》之悲怆，都是这段悲壮历史的血泪文化实录。

第三个千年，焦点是森林文化与其他四种文化的统合。森林文化向西统合草原文化，形成满蒙联盟；向南统合农耕文化，赢得中华正统；向西南统合高原文化，巩固青藏版图；向东南统合海洋文化，收复台湾故土，南达曾母暗沙。在中华文明史的第三个千年，森林文化发挥了促进各文化统合的枢纽作用。

中国历史的发展，继汉文景之治（前179—前141）、唐贞观之治（627—649）、明仁宣之治（1425—1435）后，出现清康乾之治（1662—1795），显现中原农耕文化、西北草原文化、东北森林文化、西部高原文化和沿海暨岛屿海洋文化的大统合，也是中华文化空前的大统合。在明清盛时，满、蒙、疆、藏、台地域，完全纳入中华版图，并实现汉、满、蒙、回、维、藏等各族的大统合。中华的版图，南至曾母暗沙，北达库页岛、外兴安岭、贝加尔湖、唐努乌梁海、巴尔喀什湖一线，东到大海，西跨帕米尔高原，中央政府对其实行长期全面、有效巩固的管辖。在这广袤的版图上，中原农耕文化核心地区面积为340多万平方公里，而草原文化、森林文化、高原文化的面积也各有约300万平方公里。再加上沿海地区及岛屿，还有其他地区，展现了总面积达一千四百万平方公里的大中华版图。中华文化实现了第三次大统合。[1]中华文化以强大的原生性、悠久性、连续性、多元性、一体性、包容性、国际性、日新性，统合了上述五种文化形态，"你中有我，我中有你"，既保证了中华文化绵延五千年而未中断，也为与世界其他文化交流储存了巨大的智慧和能量。自强不息，厚德载物——中国将多种地域、多种族群、多种经济、多种文化的江河，汇聚成为中华文化的浩瀚海洋，[2]从而成为当时世界上统一、强大、协和、昌盛的中华大帝国，屹立于世界的东方。

三 一条文化脉络

中华文化的历史发展，有一根主线贯穿，这根主线就是文化统合。从上述"五种文化"与"三个千年"的时空交合、经纬交错的历史叙述中，对森林文化的地位作用和演进脉络，可以作出如下几点分析：

第一，森林文化的丰富蕴含。上面绘出"五种文化地图"，其中农耕文化、草原文化、森林文化和高原文化，其土地面积，大约各占三百万平方公里。这个数字，"不算不知道，一算吓一跳"。原来森林文化的面积，与农耕文化、草原文化、高原文化的面积几乎相等。它同草原文化、高原文化，以其都是少数民族特殊身份，结成满蒙联盟和满藏联盟，这些加在一起，几乎

---

〔1〕 阎崇年：《大故宫》（三），长江文艺出版社，2013年，第313—316页。
〔2〕 阎崇年：《森林文化之千年变局》，载《辽宁大学学报》（哲学社会科学版）2014年第1期。

等于九百万平方公里的面积，再从农耕文化中分化、瓦解出汉军、汉官、汉儒、汉民，并同中原传统文化统合，这就不难理解其取得全国政权，并加以巩固，是拥有多么巨大的物质力量和精神力量。

第二，森林文化的学术价值。国内外的史学研究中，尚未见到将森林文化加以学术概括。此事，要从中国古代文化类型说起。黑格尔在《历史哲学》中提出"历史的地理基础"这一概念。他依照自然条件和地理特征，将地球区分为三种类型，即：第一种是高地草原区域，第二种是江河平原流域，第三种是沿海海岸区域。[1]黑格尔概括地球地理文化类型，就其文化形态来说，简而言之，可以分为草原文化、游牧经济，平原文化、农耕经济，海岸文化、海洋经济。黑格尔的概括，没有涉及高原文化和森林文化。实际上，地球表面的陆地是由农作地、草原地、森林地、高原地、近海暨岛屿海岸地等自然地带组成的。从人类赖以生存的经济文化区域来说，如农作、草原、森林、高原、海洋等均有其不同的经济与文化之特征。依据这些不同的经济文化特征，我认为，中国古代有五种基本经济文化类型，即中原农耕文化、西北草原文化、东北森林文化、西部高原文化和沿海及岛屿海洋文化。中华文化有五千年的文明历史，自甲骨文以来有文字记载的三千多年的历史。以文化类型而言，三个千年历史，发生三大变局。于此，我在2010年由北京出版社刊行的《北京文化史举要》一书中，做了简要的论述：

---

[1] 〔德〕黑格尔著，王造时译：《历史哲学》，上海书店出版社，2001年，第91页。

中华古代的文化发展，大体可以概括为五种经济文化形态：一是中原地区的农耕文化，二是西北地区的草原文化，三是东北地区的森林文化，四是西部地区的高原文化，五是沿海及岛屿地区的海洋文化等。在古代中国，高原文化、海洋文化都具有重要地位，都对中华文明发展做出过重大贡献；但是，高原文化和海洋文化都没有在中华文化史上占据过主体的或主导的地位。而中原农耕文化、西北草原文化、东北森林文化，都时间或长或短地在中华文化发展史上，占据过主体的或主导的地位，发生过主体性或主导性的重大历史作用。[1]

然而，中华自商周到明清史上的五种文化类型，是就其主体、就其总合而言的，在其彼此之间，既不平衡，又相交错。前者如，海洋文化的发展，是中华历史文化发展史上的一块相对的短板；后者如，森林文化中有游牧、也有农耕，草原文化中有森林、也有农耕，农耕文化中有游牧、也有森林等。事物是复杂的，不是单一的，不是纯粹的，不是凝固的，也不是绝对的。这就提示我们，在研究复杂文化类型的历史时，既应当观照其主体、主导、主干、核心，也应当观照其侧面、枝桠、根须、叶片。当然，学术研究的一个特点是，探索和研究事物的本质特征、内在联系、主要表象和根本性质。因此，研究中国历史文化，首要的是抓住其内在特征和根本特质。

第三，历史学界的认同声音。拙文《森林文化之千年变局》发表后，著名历史学家冯尔康教授著文加以肯定与评价。他说：

---

[1] 阎崇年：《北京文化史举要》，北京出版社，2010年，第13页。

　　说到中华经济区域文化的组成，人们首先想到的是中原农耕文化、西北草原文化，其次会顾及西北高原文化、沿海和岛屿的海洋文化，而阎崇年于 2014 年年初发表《森林文化之千年变局》一文（《辽宁大学学报（哲学社会科学版）》2014 年第 1 期），唱出中国历史上"东北森林文化"之论，认为经历有文字记载的三个一千年的历史变局，农耕文化、草原文化、森林文化更迭在中国历史上起着主导作用：第一个一千年的商周时代，中原农耕文化占主导地位，东北地区的森林文化与之有所接触；第二个一千年汉唐时期中原农耕文化与西北草原文化交融；第三个一千年的宋元明清时期，东北森林文化发展，造成小小的少数族群的满洲族入主中原，换句话说，清朝建立全国统一政权，是以厚重的森林文化为根基，由此可见森林文化对中国历史发展的不可忽视作用。阎崇年将森林文化视作中华经济文化五种类型之一观点的提出，从一个角度说明历史上生活在东北地区的阿尔泰语系满 - 通古斯语族、蒙古语族诸民族（特别是满洲族）的历史地位。森林文化论，既是一种观点，也是一种方法论，值得引起学术界的关注。[1]

　　冯尔康教授上述的睿见和鼓励，激发我进一步探索森林文化的历史学诸问题。

　　第四，历史在文化统合中演进。上述中华商周以来三千多年文明史的发展，清楚地表明：文化统合是历史前进的巨大动

---

〔1〕　冯尔康:《学以致用:从格物求真到普及大众——阎崇年和〈阎崇年集〉评析》，载《北京社会科学》2014 年第 10 期。

力。东北森林文化诸族群中的肃慎族系——肃慎、挹娄、勿吉、靺鞨、女真、满洲，在中华文明三千年演进中，由小到大、由弱到强、由寡到众、由分到合，走着一条文化统合之路。由初始的向中原王朝朝贡，到建立区域性政权渤海，再到建立占据半壁河山的大金，最后入主中原，建立起森林文化统合农耕文化、草原文化、高原文化和海洋文化的清朝。

第五，森林文化孕育巨大力量。这种力量，既包括物质力量，也包括精神力量。于物质，地上的大片森林，林中的飞禽走兽，树林里的植物；地下的丰富宝藏。于精神，森林文化留下大量的精神财富。森林文化的族群居民，有着鲜明的性格特征。兹举四点：一是勇敢性。猎民狩猎所获猎物是其重要衣食之源，狩猎时要面对凶猛禽兽，勇敢搏斗，加以捕获，所以狩猎人尚武；而农民种收稻、麦、粱、谷，虽需要艰苦和耐力，但没有生命危险，猎民与农民，情状大不同。二是协作性。古代狩猎一般是围猎，从四面八方围堵捕获猎物，必须协同合作；农民收获庄稼大多一家一户或一人一牛进行。三是开阔性。小农是"三十亩地一头牛，老婆孩子热炕头"，其耕作范围，一般在五里之内；而狩猎时，猎人骑马，驰骋山林，范围达方圆数百里。四是坚韧性。森林带的冬季比农耕带更寒冷、更漫长，温度最低达 $-40℃$ 至 $-50℃$，艰苦环境锻炼人的耐劳品格和坚韧毅力。当然，农耕、草原、高原、海洋文化居民，也都有勇敢性、协作性、开阔性和坚韧性的品性，但就族群总体而言，森林文化部民更具有上述明显特征。特别是其政治谋略，如"统合"思想，是清朝由关外一隅，几十万人，十多万军队，战胜大明一万万人口、上百万军队的法宝，也是其先从森林文化自身统合，进而同草原文化、农耕文化、高原文化、海洋文化进行碰撞、交融而达到文化统合的法宝。

历来许多学者指出："中华史观"和"中原史观"是不同的。有一种"中原史观"，是以中原农耕文化为中心、汉族聚居的区域为世界中央，而华夏之外的族群被称为"化外之民"或者"蛮夷"，如《礼记》所称之"四夷"，即"东夷、西羌、南蛮、北狄"。中国的皇帝是天子，中国的皇朝是"天朝"，而其他族群和中原王朝的关系是朝贡与封赏、藩属与宗主的关系，其首领只能被敕封为比皇帝低一级的王。

我持"中华史观"。"中华史观"应是在中国国土上现有的和曾经有过的各民族共同创造中华历史的"大中华史观"，即中华以汉族历史为主体、中华各民族互相融合并共同发展的史观。中华文化是以中原汉族农耕文化为主体，以西北蒙古草原游牧文化和东北满洲森林渔猎文化为两翼，以西部高原文化、沿海暨岛屿海洋文化等为重要元素，共同统合演进而组成的大中华文化。

因此，应当树立"大中华文化史观"。我认为，主要从中原观点来解释中华历史已经不能反映历史的全貌，应该跳出中原文化中心论的窠臼，将研究视线投射到中华所有地区和各个时代，投放到多种文化形态，投散到世界文化的视野，这样才能更公正客观地评价中华民族在各个时代、各个地区、各个族群、各种文化形态的交互关系中，其真实、全面的历史地位和文化贡献。所以，应当树立中原农耕文化、西北草原文化、东北森林文化、西部高原文化、沿海暨岛屿海洋文化之间，互相融合、互相补充、互相借鉴、互相推进，从而形成一主多元、共同发展的大中华历史文化观。

第三章

森林文化素描

东北地区是不是具有独立的文化形态？以往，学界一般认为，东北地区并不具有独立的文化形态，而是与西北地区都属于草原文化的一部分。这种观点的缺陷在于：既无法解释东北地区文化与西北地区文化的显著差异，也不符合东北地区的文化特征。

东北地区的文化形态，较中原农耕文化、西北草原文化、西部高原文化、沿海海洋文化而言，具有独立的文化形态，这种文化形态，就是森林文化。

森林文化有着自身的特征。当然，任何文化形态，都不是绝对的、单一的，而是犬牙交错的，譬如：在农耕地带，也有放牧、狩猎、捕鱼；在游牧地带，也有农耕、狩猎、捕鱼；同样，在森林地带，也有游牧、农耕。在这里，就森林文化的总体特征，分作四类，按类列条，素描如下。

一 地理

东北地区的地理特征是森林文化的基础。这一地理特征是：温带森林，较为湿润。相比之下，西北地区的地理特征是：温带草原，较为干燥。地理差异决定了东北森林文化与西北草原文化不能归入同一文化类型。

（一）地理区位

森林文化如同农耕文化、草原文化一样，有其特定的地理条件。在远古的地球上，有着广袤的森林。新石器时代以来，特别是有文字记载以来，地球上存在多条森林带。其中，在北半球，于北纬 42° 到 70° 之间，有一条温带森林。这条温带森林带，横跨亚欧大陆，东起太平洋，西迄大西洋，长约一万公里。[1] 其实，在北美洲，古代亦然。它的北部与寒原地带和近北极地带相接，生长林丛或冰雪大地；南部与草原和沙漠地带相接，或茫茫草原，或沙漠戈壁。本书主要讨论满 - 通古斯人居住和生活的东北亚森林文化地域。

东北亚森林文化区域，有不同族系、多种族群的聚落，但主要居民为满 - 通古斯人。南北以贝加尔湖与外兴安岭为界，其北被称作北方通古斯人，也称作后贝加尔湖通古斯人；其南被称作南方通古斯人。[2]

本书论述的范围，以东北亚地域的森林带为重点，[3] 主要是中国东北森林文化的分布区。中国东北及其相关地域，森林文化的地理因素，其经纬度、海拔高度、气象因素等，都存在着

---

〔1〕　［苏］B. Г. 聂斯切洛夫著，蔡以纯等译：《森林学》，中国林业出版社，1957 年，第 317 页。

〔2〕　［俄］史禄国著，吴有刚等译：《北方通古斯的社会组织》，内蒙古人民出版社，1985 年，第 1 页。

〔3〕　肖兴威主编：《中国森林资源图集》，中国林业出版社，2005 年，第 56、60、64 页。

重要的地理特征：

以经纬度而言，森林文化地带，在东经 120°—145°、北纬 42°—70° 这个广阔地带，这是中国明清盛时的东北森林文化之区域。

以海拔高度而言，森林带的海拔不是很高，因为海拔 3000 米以上常年被冰雪覆盖，海拔 2000 米以上，就没有木本植物。以长白山林区为例，海拔 2000 米以上为山地苔原带，2000 米以下为林带，其中 1800—2000 米为岳桦林带，500—1200 米为红松、云杉等针叶林带，500 米以下为草甸。

（二）自然因素

以空气温度而言，其主要表现为气象因素，近年统计资料显示：东北森林带年平均气温，辽宁省为 4.6—10.3℃，吉林省为 −3—7℃，黑龙江省为 −5—4℃；该地区气温的最低温度，辽宁省为 −38.5℃，吉林省为 −44.1℃，黑龙江省为 −52.3℃。[1] 可见，北纬 70° 以北，也就是外兴安岭山脊以北，以及雅库茨克等地区，在远古蛮荒的时代，不大适合人类居住。但在北纬 70° 以南的森林地带，考古学、人类学、文献学、历史学都证明，西伯利亚这一地域远古即有人类居住、生息。著名哲学家黑格尔却将整个西伯利亚族群摒弃在人类历史文明之外，[2] 显然是受到时代文化的局限和学术视野的固囿。

以年均降水量而言，东北地域，年均降水量，今辽宁省

---

[1] 参考《辽宁省地图册》《吉林省地图册》《黑龙江省地图册》等气象统计资料，中国地图出版社，2013 年。

[2] ［德］黑格尔著，王造时译：《历史哲学》，第 102 页。

为 440—1130 毫米，吉林省为 400—1000 毫米，黑龙江省为
350—600 毫米。[1]虽然古今降水量会有所差别，但这个年降水
量，比较适宜该地域树木的生长。

（三）植物生态

就土地植物生态来说，广大土地的植物生长，农耕文化以
种植为主，草原文化以草原为主，森林文化以森林为主。在森
林文化地带，山连山，岭连岭，莽莽森林，郁郁葱葱，森林蔽
目，不见天日。森林地带，其地表标志、森林分区、树木种类
等都有特点。

以地表标志而言，中国东北森林文化的地理分布，西起大
兴安岭，南界长城，东达日本海、鄂霍次克海，北跨贝加尔
湖、雅库茨克、外兴安岭山脊、黑龙江入海口，至库页岛北部
一线，在明清盛时，中国森林文化区域的总面积为 300 多万平
方公里。

以森林分区而言，东北森林文化的林区，主要包括贝加尔
湖林区、外兴安岭林区、庙街（今尼古拉耶夫斯克）林区、库
页岛林区、尼布楚林区、乌苏里江林区、大兴安岭林区、小兴
安岭林区、张广才岭林区、长白山林区等。

以树木种类而言，在大体相同的森林文化带，因其不同纬
度、不同海拔、不同气候、不同降水、不同地貌、不同山川等
因素，生长着不同的树木，如有落叶松、冷杉、红松、岳桦木、
云杉等。

---

〔1〕　参考《辽宁省地图册》《吉林省地图册》《黑龙江省地图册》的相关资料，
中国地图出版社，2013 年。

总之，森林地带既不宜种植农作物，也不宜生成草原，而宜于树木的生长，从而形成森林文化的天然物质基础。当然，如同农耕地带也有森林、草原，草原地带也有农耕、森林一样，森林地带也有农耕、草原。但是，在古代社会，就其主体而言，森林地带、草原地带、农耕地带，各以森林、草原、农作为其经济文化的主要植物形态和基本生态特征。

（四）森林生态

以现实事例而言，外兴安岭、大兴安岭、小兴安岭、张广才岭、长白山地区等的森林覆盖率很高。直至今日，在关外开禁之后，大量伐树垦荒种地，长白山周边地区的森林覆盖率仍然非常高。其中白山市的森林覆盖率为83.2%，很多县份都达到90%以上。吉林省是国家最早批准的森林绿化生态省，延续森林历史传统，保存森林文化生态，森林覆盖率至今仍近50%。又如黑龙江省黑河市，面积15000平方公里，森林面积13000平方公里。清代满洲发祥地兴京（今辽宁抚顺新宾）至今森林覆盖率达80%以上。这在古代，更是森林茫茫，覆盖大地，遮天蔽日，鸟兽成群。清初流人吴兆骞目睹渥集老林情景："松林千里无际，皆太古时物。车马横过六十里不见天日。微风震撼，涛声澎湃，啼鸟号鼯，略不畏人。"[1]民谚也提供森林生态的佐证："棒打狍子瓢舀鱼，野鸡飞到饭锅里。"这是森林文化的自然生态。西北草原文化、中原农耕文化、西部高原文化和沿海海洋文化，都不会出现这种自然生态。森林文化的民间谚语也说："东北有三宝——人参、貂皮、乌拉草。"这不

---

[1] 魏源：《圣武记》，中华书局，1984年，第12页。

仅从民俗学，而且从生态学，说明东北地区森林经济文化生态的自然场景。

二 经济

东北地区的经济特征是森林文化的核心。其特征是：渔猎经济。相比之下，西北地区的经济特征是：游牧经济。虽然两者都注重射猎，但是渔猎经济以狩猎、捕鱼、采集并重，且定居而不迁徙，乃至贡品都是渔猎的收获物或其制品，所以不能归入草原文化类型。

（一）渔猎经济

社会民众赖以生存的生产方式，农耕文化主要是农桑经济，草原文化主要是游牧经济，森林文化主要是渔猎、采集经济。总的来说，森林聚落的居民，传统上是以狩猎和养猪、驯鹿为生，辅以捕鱼和采集。森林文化的早期居民，其主要衣食之源，既不是在土地上耕作收获的庄稼之稻谷，也不是在草原上牧放的马牛羊驼之肉乳，而是在于森林、河湖所出的多种产品。秋冬狩猎，春夏捕鱼，也有畜养（驯鹿、猪），后来个别地方有了农作，但仍以渔猎为主。丰富的动物资源，提供了肉食的来源，如马鹿、犴、驯鹿、狍子、黄羊、麝、野猪、狐狸、灰鼠、紫貂、熊、虎、黑狐、水獭以及鱼类等。辅以森林采集，如人参、蘑菇、木耳、松子、野果以及采酿蜂蜜等。这是森林文化居民的主要经济来源。因此，人们的生活必需品，多源自于狩猎、捕鱼、采集和畜养。

从《清太祖武皇帝实录》的记载来看，突出地反映了满

洲森林文化的特色。努尔哈赤统一建州女真诸部之后，史书
记载：

> 本地所产，有明珠、人参、黑狐、玄狐、红狐、貂鼠、
> 猞狸狲、虎、豹、海獭、水獭、青鼠、黄鼠等皮，以备国
> 用；抚顺、清河、宽奠、暖阳四处关口，互市交易，照例
> 取赏。因此，满洲民殷国富。[1]

以上记载，充分说明：满洲属于森林文化。其饮食、贡品、
交易的主要元素，以兽皮、明珠、人参、蘑菇、木耳、蜂蜜等
林产品为主。

（二）长于射猎

从肃慎到满洲都是擅长射猎的族群。《山海经注》记载：
"（肃慎）其人皆工射。弓长四尺，劲强。箭以楛为之，长尺五
寸，青石为镝……晋大兴三年（320），平州刺史崔毖遣别驾高
会，使来献肃慎氏之弓矢，箭镞有似铜骨作者，问云，转与海
内国，通得用此。"[2]《后汉书》也记载：

> 种众虽少，而多勇力，处山险，又善射，发能入人目。
> 弓长四尺，力如弩。矢用楛，长一尺八寸，青石为镞，镞

---

〔1〕《清太祖武皇帝实录》卷一，台北故宫博物院藏本，台湾广文书局影印
　　本，1970年，第24—25叶。
〔2〕《山海经》卷一七《大荒北经》，四部丛刊影印明成化刊本，第79页下。

皆施毒，中人即死。[1]

　　到明代女真、清代满洲，更是长于骑射的族群。孩儿幼时，练习骑马，青少年时，娴熟骑射，驰骋山林。女真－满洲男子，以狩猎为基本生产方式。他们四季狩猎打围，据记载："四季出猎行围：有朝出暮归，或二三日即归者，谓之打小围；秋则打野鸡围；仲冬打大围。"[2]《清太祖高皇帝实录》称努尔哈赤"英勇盖世，骑射轶伦"[3]。虽这话显有夸张，但道出满洲长于骑射的民族特点。皇太极也强调满洲骑射的习俗。他说："试思丈夫之所重者，有过于骑射者乎？"[4]又说："我国家以骑射为业，今若不时亲弓矢，惟耽宴乐，则田猎行阵之事，必致疏旷，武备何由而得习乎！"[5]

　　满洲之兴起，八旗之建置，都源于射猎。明万历二十九年（1601），《清太祖武皇帝实录》记载："太祖将所聚之众，每三百人内，立一牛禄厄真管属。前此，凡遇行师出猎，不论人之多寡，照依族寨而行。满洲人出猎开围之际，各出箭一枝，十人中立一总领，属九人而行，各照方向，不许错乱。此总领，呼为牛禄（华言大箭）厄真（厄真，华言主也）。"于是，以牛禄厄真为官名。[6]

---

〔1〕《后汉书》卷八五《东夷列传》，中华书局校点本，1965年，第2812页。

〔2〕魏源：《圣武记》卷一，第11页。

〔3〕《清太祖高皇帝实录》卷一，中华书局影印本，1986年，第8页。

〔4〕《清太宗文皇帝实录》卷二四，天聪九年七月壬戌，中华书局影印本，1985年，第2页。

〔5〕《清太宗文皇帝实录》卷三四，崇德三年四月丁酉，第27页。

〔6〕《清太祖武皇帝实录》卷二，第4叶。

所以，满洲－通古斯族系是长于射猎、勇敢善战的族群。虽说蒙古与满洲都善于骑射，但有不同：蒙古游牧时骑马主要为着管理牛羊，满洲狩猎时骑马则主要为着射获禽兽。

（三）进贡方物

方物又称贡品，为地方出产的土特产品，是地方或部族经济与文化的一个代表性符号。进贡方物反映了森林文化的特色。满洲先人肃慎，早在商周时期，向周朝进贡"楛矢石砮"。《史记·孔子世家》记载的历史故事说：

> 有隼集于陈廷而死，楛矢贯之，石砮，矢长尺有咫。陈湣公使使问仲尼。仲尼曰："隼来远矣，此肃慎之矢也。昔武王克商，通道九夷百蛮，使各以其方贿来贡，使无忘职业。于是肃慎贡楛矢，石砮，长尺有咫。先王欲昭其令德，以肃慎矢分大姬，配虞胡公而封诸陈。分同姓以珍玉，展亲；分异姓以远方职，使无忘服。故分陈以肃慎矢。"试求之故府，果得之。[1]

"楛矢石砮"既是狩猎的工具，也是作战的武器。近年在黑龙江省宁安市东康遗址的考古发现，为文献记载的"楛矢石砮"，提供了实物依据。若干支箭装在由桦树皮制成的箭囊（撒袋）里，其中箭杆已经炭化，但其形状仍然可辨。箭杆长40—

---

[1]《史记》卷四七《孔子世家》，点校本二十四史修订本，中华书局，2013年，第2317页。

50 厘米，经鉴定为荆类灌木，[1]质坚而韧，形直而挺，确是做箭杆的优良材料。"石砮"即箭头，则是用石料、兽骨或鱼骨磨制而成，前者显然就是"石砮"。

除"楛矢石砮"之外，其他的贡品，满洲先人历代进贡的方物，飞禽如海东青、鹰隼、飞龙等；走兽皮张如貂皮、狐狸皮、猞猁狲皮、水獭皮、海龙皮、虎皮等；林产品如人参、灵芝、蘑菇、松茸、木耳、松子、榛子、蜂蜜、蕨菜等；水产品如东珠、鲑鱼、鲤鱼、鲋鱼、鳇鱼等；药材如鹿茸、麝香、熊掌、熊胆、虎骨、红景天等；用品如麈尾、赤玉、松花石砚等。这些贡品突出反映其经济为森林经济，而不是草原经济。在清初，喀尔喀蒙古八札萨克，每岁向清廷进贡白驼各一、白马各八，谓之"九白年贡"。[2]均受赏赉如例，并受赐宴，这表明蒙古的草原文化特点。而女真等进贡的海东青、人参等，则表明满洲及其先民的森林文化特点。

（四）夷字释义

汉字的一个重要特点是象形和会意。如"夷"字，甲骨文即有此字，由"人"和"弓"两字组成，像人弯弓射猎之状。[3]所以，"夷"字属于象形字。满洲先世，商周时期，史称东夷。"夷"，许慎《说文解字》曰："夷，东方之人也。从大，从弓。"或可解作从人、从弓。段玉裁注云："从弓者，肃慎氏贡'楛矢石

---

〔1〕　朱国忱等著：《渤海故都》，黑龙江人民出版社，1996 年，第 9 页。

〔2〕　《清世祖章皇帝实录》卷九五，顺治十二年十一月辛丑，中华书局影印本，1985 年。

〔3〕　《殷墟文字》甲编，第 2324 号，转引自《中文大字典·夷》，"中国文化研究所"印行，1962 年。

客'之类也。"〔1〕东为夷，西为羌。"羌"，《说文解字》："羌，西戎，牧羊人也。"〔2〕段玉裁释为"从羊"。

东方"夷"从弓，南方"蛮"从虫，西方"羌"从羊，北方"狄"从犬。显然，"夷"为森林文化的射猎族群，"羌"为草原文化的牧羊族群。《诗经·商颂·牧誓》亦云："昔有成汤，自彼氐羌，莫敢不来享，莫敢不来王，曰商是常。"〔3〕

这里，"羌"与"牧"相联系，也说明"羌"属于游牧经济、草原文化。而"夷"属于渔猎经济、森林文化。由上，"夷"字，从文字学上提供了一个佐证：满洲先世肃慎为射猎经济，属于森林文化。

三 文化

东北地区的文化特点，与西北草原文化语言的语族、信仰、思维等都不尽相同，有着自身的特点。

（一）祭祀主神

在每一种经济文化类型区域生活的族群，在其初始发展过程中，逐渐形成具有自身特征，并与其他经济文化类型相区别的祭祀主神。这既是其经济形态的反映，也是其文化形态的反映。而祭祀主神是其精神的核心体现。历史和事实证明，不同

---

〔1〕 许慎撰，段玉裁注：《说文解字注》，第 10 篇下，中华书局影印四部备要本，2013 年，第 357 页。

〔2〕《说文解字注》，第 4 篇上，第 35 页。

〔3〕《毛诗正义》卷二〇《商颂》，十三经注疏本附校勘记本，中华书局影印宋本，1980 年，第 359 页。

文化形态，祭祀不同主神。中国汉族属于农耕文化，祭祀"社稷"之神。如明、清两朝，在皇宫的两侧，左为"祖"，就是太庙，即祭祀祖先的庙宇，这是生命繁衍之源；右为"社"，就是社稷坛，即祭祀土地和五谷[1]之神的祭坛，因为"民以食为天"，粮食源自庄稼收成，庄稼依赖土地生长，所以，人们将土地和五谷作为神祇来祭祀。而草原文化的祭祀，上敬天，下敬地，[2]天上的蓝天白云，地上的茵茵草地，是他们生存的基本条件，所以，蒙古人以天地为神，祭祀天地、敬畏天地。

那么，森林文化族群的祭祀呢？在森林文化地域的居民，其衣食之源，出于森林与河湖提供的鸟兽、鱼类、菌类和果实等。古代森林部落，认为神从天上降落到森林中，于是将树木作为神的化身而加以崇拜。因此人们将大树作为神来加以祭祀。所以，森林文化祭祀的主神是大木，是森林。

森林文化居民祭祀的主神为大木，为森林，其主要历史文献证据之一，是《后汉书·东夷列传》的记载：

> 常以五月田竟，祭鬼神，昼夜酒会，群聚歌舞，舞辄数十人相随，蹋地为节。十月农功毕，亦复如之。诸国邑各以一人主祭天神，号为"天君"。又立苏涂，[3]建大木，

---

[1] 五谷：有多种解释，如《孟子·滕文公上》："树艺五谷"，赵岐注："五谷，谓稻、黍、稷、麦、菽。"《周礼·天官·疾医》："以五味、五谷、五药养其病。"郑玄注："五谷，麻、黍、稷、麦、豆也。"还有其他说法。

[2] 蒙古古老习俗相沿至今，即在敬酒时礼节，右手中指先蘸酒向天弹，再蘸酒向地弹，就是先敬天、再敬地，因为草原居民，仰看蓝天白云，俯看绿色草原。蓝天白云下的绿色草原，是草原文化牧民的衣食之源。

[3] 《后汉书》卷八五《东夷列传》引魏志曰："苏涂之义，有似浮屠。"

以县[1]铃鼓,事鬼神。[2]

《山海经》也有记载:"肃慎之国,在白氏北,有树名雒(或作雒)常,先人代帝,于此取之。"[3]就是说,肃慎人以树为神。肃慎族系曾流传着"阿布凯赫赫创造人的神话"。神话说,天神阿布凯赫赫发现了柳树,对其吹了法气,柳树变成了女神。之后,天神又收了安车骨、粟末等几个徒弟。于是部落有了祭祀柳树的习俗。据《隋书·靺鞨传》所载,隋唐时靺鞨分为七部,其中就有安车骨部和粟末部,他们都成为渤海国的部民。柳树变成女神,加以祭祀崇拜,映现出渤海国时有萨满祭祀柳树的事实,并表明祭祀神树是森林文化部民的一个重要表征。而后,金代女真沿袭了这个习俗。

上述习俗,肃慎、挹娄、勿吉、靺鞨、渤海、女真,延至满洲,树立木杆,祭神祭天。满洲神杆,既是对树林的敬仰,也是对天神的崇拜。

在古代日本,森林覆盖大地,寺庙祭祀的是"御柱祭"。这里的"御柱"就是树木,象征着森林。"御柱祭"的"柱子"是什么寓意呢?这"柱子是神与人通过它往来于天地之间的神圣的通路"。[4]所以,日本的寺庙,有的没有神像,只有树木。有书记载:"日本的神社里有森林。在日本,可以有没有森林的寺

---

[1] 县:此处读作 xuán,音玄,义悬。

[2] 《后汉书》卷八五《东夷列传》,第 2819 页。

[3] 《山海经·海外西经》,四部丛刊影印明成化刊本。

[4] [日]梅原猛著,卞立强、李力译:《森林思想——日本文化的原点》,中国国际广播出版社,1993 年,第 34 页。

庙，不可能想象神社里会没有森林。"[1]这是东北亚森林文化族群祭祀树木的又一个例证。

在北美洲，如加拿大森林文化地域的古印第安部落，祭祀"木桩"，也是立桩或立杆祭神祭天，以树木或森林为祭祀的象征。以上祭祀的主神也都是树木、森林。在东北亚如此，在北美洲印第安部落也如此——都是森林文化族群祭祀树木的有力证据。

女真后裔的满洲，在堂子祭祀神杆，也含有神庙里祭祀森林之意。从《钦定满洲祭神祭天典礼》中的堂子图，可以看出：作为祭祀神杆的松木，在山上被砍伐之后，每棵留有九个枝叶，从竖立众多带着枝叶的神杆，可以看出一个图像——既形似一片森林，也象征一片森林。[2]

在清朝，皇宫坤宁宫前院东南角处，竖立索罗杆子即神杆；八旗家庭前院东南向处，也竖立索罗杆子即神杆。所以，清朝的皇帝宗室、八旗贵族和旗人家庭，举行的神杆祭祀，都是满洲属于森林文化的一个重要例证。

（二）萨满信仰

满－通古斯族群信仰原始宗教萨满教。据宗教学家、满语学家考证，"萨满"（saman）一词，源自于女真语－满语。萨满教后来向西传播，成为阿尔泰语系的突厥语族、蒙古语族、满－通古斯语族所共同信奉的原始宗教。萨满教旨认为，世界

---

[1]《森林思想——日本文化的原点》，第 129 页。
[2]《钦定满洲祭神祭天典礼》卷六《堂子图》，台北商务印书馆影印文渊阁《四库全书》本，1986 年，第 4 叶。

分为三界，即天堂、人间、地狱。沟通天、人、地三界的巫，则是萨满。萨满性别，多为女性。萨满跳神时，着神衣、围神裙、系腰铃、击手鼓，念念有词，施展法力。萨满祝佑人们的是：速愈疾病、消灾减祸、生育子女、征战获胜。满洲兴起时，在兴京赫图阿拉，在东京辽阳，在盛京沈阳，都兴建堂子，祭神祭天。满洲进入中原、定鼎北京后，将盛京清宁宫（皇后正宫）的萨满祭祀，依样仿建在北京皇宫的坤宁宫。清顺治时，将故明皇后正宫的坤宁宫，由其皇后正宫的一元性功能，改变为既为皇后正宫、又兼萨满祭神祭天场所的二元性功能，就是将坤宁宫加以改变，而成为既是皇后正宫的宫殿，又是宫廷萨满祭祀的殿堂。譬如，将明坤宁宫正门由居中而改在偏东一间，宫内设置萨满祭祀的三口煮肉大锅，摆设杀猪的案板以及其他用具。在坤宁宫门前东南方位竖立神杆，将满洲祭祀大木、神树的森林文化风习移到紫禁城内。又在皇城内建筑八角形堂子，在堂子举行祭神祭天大典。堂子祭祀的主神，就是前文所揭示的大木和森林。《钦定满洲祭神祭天典礼》[1]一书，于此做了详细载述。

在当代，据萨满石清泉回忆，至20世纪三四十年代，今吉林省吉林市乌拉街镇弓通屯满族富察氏家族的祭天活动，仍是在村屯外一棵老榆树下举行，富察氏家族世代视此树为神树。[2]在民国年间，满族人家在庭院中立杆祭祀神树与乌鸦之记载和故事，极为普遍，史不绝书，民俗之例，不胜枚举。

〔1〕《钦定满洲祭神祭天典礼》卷六，商务印书馆影印文津阁《四库全书》本，2007年，第2叶。

〔2〕石光伟、刘厚生编著：《满族萨满跳神研究》，吉林文史出版社，1992年，第271页。

这就表明，满洲文化既不属于农耕文化，也不属于草原文化，而是属于森林文化。

（三）语言文字

中国版图内居民的语言，主要归属两大语系，即汉藏语系与阿尔泰语系。[1]阿尔泰语系主要分为三个语族——在中国自西而东，分别是突厥语族、蒙古语族和满-通古斯语族。蒙古语族诸族群，主要讲蒙古语，行蒙古文。满语属于阿尔泰语系满-通古斯语族。满-通古斯语族诸族群，在金朝，主要讲女真语，行女真文。但女真文到明朝中期已经失传。满洲崛起后，在明万历二十七年（1599），清太祖努尔哈赤主持、由额尔德尼和噶盖创制满文。[2]满文是拼音文字。从此，满洲既说满语，又行满文。所以，森林文化区域的居民不仅说满语，而且有了满文。满文创制是森林文化史上一座里程碑。"从此，满族人民有了自己的文字，可以用它从书面上来交流思想，书写公文，记载政事，编写历史，传播知识，翻译汉籍。"[3]满-通古斯语族部民历史赖以满文记载并流传下来。汉文诸多典籍，经翻译成满文，而转译成西文，在西方传布，影响巨大。

在这里，草原文化与森林文化的一个重要区分标志是语言。草原文化诸族群，如蒙古、达斡尔、东部裕固等，主要说蒙古语、行蒙古文；而森林文化诸族群，如满洲、鄂温克、鄂伦春、锡伯、赫哲等，主要说满-通古斯语、行满文。在这里，满-

---

〔1〕 中国版图内居民，除汉藏语系和阿尔泰语系外，还有少量人属于其他语系，不再列出。

〔2〕 《清太祖武皇帝实录》卷二，第1叶。

〔3〕 阎崇年：《清朝开国史》上卷，中华书局，2014年，第204—205页。

通古斯语族与蒙古语族是区分草原文化与森林文化的一个重要的标志。

（四）文学映象

《钦定满洲祭神祭天典礼》初为满文本，共六卷。先是，乾隆帝"命王大臣等，敬谨详考，分别编纂，并绘祭器形式，陆续呈览，朕亲加详核酌定"[1]。乾隆四十五年（1780），由大学士阿桂等主持译成汉文。"满洲以骑射为本"。[2]满洲之重骑射，关于马的祭词祷念，提供重要文学资料：

> 今为所乘马敬祝者：抚脊以起兮，引鬣以兴兮，嘶风以奋兮，嘘雾以行兮；食草以壮兮，啮艾以腾兮，沟穴其弗蹈兮，盗贼其无撄兮！神其贶我，神其佑我！[3]

上述引文，可以看出："嘘雾以行"，不是草原风貌，而是山林气象；"盗贼其无撄"，游牧民族马匹成群而少有盗马者，满洲家庭以马为贵而有盗马旧俗。这为满洲属于森林文化增添一条史证。

（五）历史记忆

于森林文化的历史记忆，从先秦，经两汉，历隋唐，再宋元，到明清，文献载述，历久不断。先秦古籍的肃慎贡献

---

〔1〕《钦定满洲祭神祭天典礼》卷一，第2叶。
〔2〕《清圣祖仁皇帝实录》卷一四〇，康熙二十八年三月丁亥，中华书局影印本，1985年，第11页。
〔3〕《钦定满洲祭神祭天典礼》卷四，第16叶。

"楛矢石砮"，廿四史中的《史记·孔子世家》《汉书·地理志》《后汉书·挹娄列传》《三国志·魏书·东夷传》《晋书·东夷列传·肃慎》《北史·勿吉传》《魏书·勿吉传》《隋书·东夷·靺鞨传》《旧唐书·北狄·靺鞨传、渤海靺鞨传》《新唐书·北狄·黑水靺鞨传、渤海靺鞨传》《宋史·渤海国传》等，而后辽、金、元、明更是史不绝书，以至于清朝的《皇清开国方略》《满洲源流考》《钦定八旗通志》《钦定八旗满洲氏族通谱》《钦定满洲祭神祭天典礼》《盛京吉林黑龙江等处标注战迹舆图》《皇舆全览图》《满文老档》等典籍，都集中地反映了满洲森林文化的历史记忆。

语言不仅是思想交流的工具，而且是经济文化的映现。民谚、俚语、譬喻、诗歌等都是现实生产和生活的反映，以语言文字的形式表现。女真－满洲的语言，带有明显森林文化的气息和经验。试举三例：

第一例：清太祖努尔哈赤在吞并乌拉的过程中，贝勒大臣急于求成。努尔哈赤引用生活中的经验，既通俗又深刻地告诉莽古尔泰、皇太极等贝勒大臣，说：

> "欲伐大木，岂能骤折？必以斧斤伐之，渐至微细，然后能折。相等之国，欲一举取之，岂能尽灭乎？且将所属城郭，尽削平之，独存其都城。如此，则无仆何以为主？无民何以为君？"遂毁所得六城、焚其房谷，回至伏儿哈河安营。[1]

---

[1]《清太祖武皇帝实录》卷二，壬子年十月朔，第14叶。

上述努尔哈赤以砍大树比喻统一扈伦四部的策略，和西北草原地区喜欢以游牧作比喻是不同的。

第二例：皇太极在经略索伦时，就是采用围猎的战法。他出兵征伐索伦部重要首领博穆博果尔，为防止从南面攻，敌从北面逃遁，便采用围猎法：先在其北面今俄罗斯赤塔一带派兵设围，又在其南面进攻，博穆博果尔受到南面兵攻，必然"北遁"，恰中皇太极之计，而被俘获。[1]

第三例：在雅克萨自卫战前，康熙帝派副都统郎谈与萨布素、公彭春等，率兵往打虎儿、索伦，"声言捕鹿，以觇其情形"。他们"沿黑龙江行围，径薄雅克萨城下"。[2]

他们踏查到城址、里程、山川等信息。这充分体现了康熙帝熟悉森林文化思维与战法的特色。

（六）敬畏林兽

森林民族的部民，重视森林、动物、植物之间的相互依存、和谐共处的关系。森林文化的居民，敬畏森林和野兽，珍视自然生态。社会客观存在决定社会意识。农耕文化的各地居民，其衣食之源在土地，而爱护、敬畏土地；森林文化的各部居民，其衣食之源在森林，而爱护、敬畏森林。但是，近代俄国人进入该地区后，为了开采金矿，化解冻土，肆意放火，焚毁森林。俄国学者史禄国叙述了一个史实："进入林区的俄国人在毁灭森林，他们把森林烧光。故意纵火当然是对森林最大的威胁。"然

---

〔1〕《清太宗文皇帝实录》卷五三，崇德五年十二月庚申，第21页。

〔2〕《清圣祖仁皇帝实录》卷一〇四，康熙二十一年八月庚寅，中华书局影印本，1985年，第9页。

而，"通古斯人对如何保护森林了解得很清楚。他们采用的办法虽较原始但很有成效。比如在他们离开营地时，从不留下未熄灭的火种。而俄国人则不考虑后果，认为反正对他们没有什么关系，往往留下余烬。"[1]森林部民既重视森林，也重视动物，如虎、熊等凶猛的野兽。森林民族衣食之源，主要来自兽类，因此，人们与野兽，既为友，又为敌。他们崇拜山林，崇拜动物。对百兽之王的虎，敬之如神，"祠虎以为神"。[2]还留下关于敬虎、祠虎的历史文物。

四　生活

东北地区的生活习俗是森林文化的日常表现。这一生活特征是：在物质生活上，当地居民的衣、食、住、行、用等物品，都是渔猎的收获物或其制品，而西北地区则主要是牧产品。他们生活的各个方面，折射出森林文化的光影。

（一）定居生活

草原上的牧民，以草原为生存之源，过着"以游为居""以牧为生"的游牧生活，"逐水草而居"是草原部民基本的生活特征。正如文献所载："其俗畜牧为事，随逐水草，不恒厥处。"[3]然而，森林中的居民，以森林为生存之源，过着"以定为居""以猎为生"的定居生活。森林之民，因为定居，家家养

---

〔1〕《北方通古斯的社会组织》，第 26 页。

〔2〕《后汉书》卷八五《东夷列传》，第 2818 页。

〔3〕《隋书》卷八四《突厥列传》，中华书局点校本，1973 年，第 1864 页。

猪。"其畜宜猪，富人至数百口"。[1]

这说明森林居民不同于"逐水草而居"的牧民，而是过着定居的生活。据史书记载：

> 挹娄，古肃慎之国也。在夫余东北千余里，东滨大海，南与北沃沮接，不知其北所极。土地多山险。人形似夫余，而言语各异。有五谷、麻布，出赤玉、好貂。无君长，其邑落各有大人。处于山林之间，土气极寒，常为穴居，以深为贵，大家至接九梯。好养豕，食其肉，衣其皮。冬以豕膏涂身，厚数分，以御风寒。夏则裸袒，以尺布蔽其前后。其人臭秽不洁，作厕于中，圜之而居。自汉兴以后，臣属夫余……便乘船，好寇盗，邻国畏患，而卒不能服。[2]

《晋书·肃慎传》也记载："无牛羊，多畜猪，食其肉，衣其皮，绩毛以为布。"[3]这说明：满洲先世的肃慎人，不是过着追逐水草而迁徙的游牧生活，而是过着狩猎捕鱼而定居的渔猎生活。

前文所揭王充《论衡》里的神话故事[4]说明，夫余人在内养猪，在外骑马，既狩猎，又捕鱼，过着森林里的渔猎生活。满洲及其先民生活特点主要是：

---

[1]《旧唐书》卷一九九下《靺鞨传》，中华书局点校本，1975年，第5358页。

[2]《后汉书》卷八五《东夷列传》，第2812页。

[3]《晋书》卷九七《东夷列传·肃慎》，中华书局点校本，1974年，第2534—2535页。

[4] 王充：《论衡》卷二《吉验篇》，刘盼遂《论衡集解》本，世界书局，1999年，第41页。

其一，与草原部民的逐水草、住帐篷不同，而是过着定居的生活。春夏居住撮罗子，秋冬住在半地下的房屋里。习俗穴居，以深为贵；大家深穴，架接九梯。

其二，与游牧部民所吃牧放的牛羊之肉不同，他们多狩猎，并吃猎获野兽的肉，以及采集的林产品。还养猪，吃猪肉，衣猪皮，冬天用猪油涂在皮肤上防冻，夏天有衣服蔽体。近河湖的部民，捕鱼为食。

其三，部落首领，称作"大人"。有不成文法，如淫乱者处死。

其四，善射，能乘船。男子人人弯弓，个个习射，长于骑马射猎。

其五，婚俗是男子到女子家，生子长大，再回到男家。[1]后来婚俗有所变化，如在婚礼的前一天，新郎到新娘家，并在那里圆房。这是满－通古斯人早期社会男方走婚到女方家的遗风遗俗。[2]

（二）饮食习惯

肃慎族系部民的食品，以狩猎捕获的兽类之肉为主，如食野兔、野羊、野猪、野鹿、驯鹿、狍子、犴等之肉。狩猎所获的狍子、犴等，既为人提供做衣服的皮张，也是满－通古斯人爱吃的肉食。或在树林中采集松子、蘑菇、木耳、榛子、野果，以及采酿蜂蜜等为食。河湖中捕捞的鲤鱼、鳇鱼、鲑鱼、鲟鱼、蛤蚌等，也是重要的食品。

以清入关后的乾隆帝膳单为例，看其饮食习惯与传统所折

---

〔1〕《后汉书》卷八五《东夷列传》，第2813页。
〔2〕《北方通古斯的社会组织》，第17页。

射的森林文化。乾隆十六年（1751）六月初四日，早膳（卯正一刻）膳单为：

> 芙蓉鸭子一品、羊肉炖窝瓜一品、羊肉丝一品、韭菜炒肉一品、清蒸鸭子额尔额羊肉攒盘一品、竹节卷小馒首一品、匙子饽饽红糕一品、蜂糕一品、葵花盒小菜一品、银碟小菜四品。随送肉丝汤膳一品、猪肉馄饨一品、果子粥一品、鸡汤老米膳一品。

同日晚膳（未时）的膳单是：

> 燕窝肥鸡野鸭一品、葱椒肘子一品、鸭子火薰炖白菜一品、炒木须肉一品、肉片炒扁豆一品、蓝肥鸡烧狍肉攒盘一品、象眼小馒首一品、白面丝糕糜子面糕一品、猪肉馅汤面饺子一品、腿羊肉攒盘一品、银葵花盒小菜一品、银碟小菜四品、随送粳米干膳一品、次送芙蓉鸭子一品、羊肉丝一品。[1]

从上述膳单，可以看出：

其一，没有牛肉，因为皇太极曾下令，除祭祀宰牛外，为保护耕牛，不许吃牛肉；

其二，没有狗肉，因为狩猎民族习俗，敬狗如神；[2]

其三，没有海鲜，因为森林民族离海较远，吃不着海鲜

---

〔1〕 中国第一历史档案馆藏：《清宫膳食档》，乾隆十六年六月初四日。

〔2〕 阎崇年：《努尔哈赤传》，北京出版社，1983 年，第 21 页。

（除近海部民外）；

其四，多吃野鸡、鸭子、羊肉、鹿肉、猪肉、狍子肉等。

（三）生活习俗

从肃慎族系部民的食、住、行、用、药、武的生活习俗来看，集中地反映了满洲－通古斯族系森林文化的特色。

饮食：上文已做介绍。

衣服：森林文化区域内的古人类所穿衣服，或用兽皮做，或用鱼皮做，或用鸟皮做，抑或用树皮做。在兽皮、鱼皮、鸟皮、树皮衣服中，多为兽皮缝制，妇女则穿着用兽皮围成的裙子。《尚书·禹贡》记载"岛夷皮服"。[1]王肃注云："鸟夷，东北夷国名也。"就是东夷之人，常以鸟兽之皮，制作衣服。这里提供了一条史据：一些东夷的森林居民，常穿兽皮制作的衣服。《山海经》记载："肃慎国去辽东三千余里，穴居，无衣，衣猪皮。冬以膏涂体，厚数分，用却风寒。"[2]或为鱼皮缝制，穿鱼皮衣服。穿鱼皮衣服的人，俗称其为"鱼皮鞑子"。还有穿着树皮衣的记载，如《山海经》记载：肃慎"其俗无衣服，中国有圣帝代立者，则此木生皮可衣也"[3]。

就是说，肃慎人曾经以鞣制树皮做衣服。鞋，为乌拉，用鹿皮或猪皮缝制，内楦乌拉草。这是森林文化与草原文化、农耕文化的居民，在衣着方面的一个重大区别。

房屋：春夏多住撮罗子、斜人柱，用数根长木作支架，围

---

[1]《尚书正义》卷六《禹贡》，十三经注疏本附校勘记本，中华书局影印宋本，1980年，第35页。

[2]《山海经》卷一七《大荒北经》，四部丛刊影印明成化刊本，第79页下。

[3]《山海经》卷七《海外西经》，四部丛刊影印明成化刊本，第42页上。

以桦树皮，而成为简易住房。冬季则多半穴居或深穴居，以避风寒、防雨雪。又如赫哲人以去鳞的鱼皮糊窗，既透明又挡风，是其渔猎生活的一证。

行具：陆路，用马匹、爬犁、小车，为木和皮制作；水路用船，用木做龙骨、用桦树皮黏合而成，也有独木舟。

用品：日常生活用品，如椀、盘、勺、铲、桶、盒、叉、筷等多为木制，也有动物骨制品，鱼皮、鱼骨制品。

医药：多以动物和植物为药材原料，动物来源如鹿茸、熊胆，植物如人参、五味子、黄芪等。

玩具：蒙古游牧部民儿童玩具拐，为羊腕骨做的；满洲森林部民儿童玩具拐，为猪腕骨做的。儿童玩具材料不同，说明草原文化与森林文化的部民生活、生产形态的不同。

武器：弓箭，以"楛矢石砮"最为悠久、最为著名。

祭品：蒙古祭品主要是羊，而满洲祭品主要是猪。清制，乾清宫日祭、月祭、年祭、春祭、秋祭、大祭等，宰猪后煮胙肉，祭神祭天。从蒙古、满洲的祭品不同，反映其经济与文化的不同。前者属于草原游牧文化，后者属于森林渔猎文化。

谚语：民间谚语是文化的一个映现。如"天苍苍野茫茫，风吹草低见牛羊""蓝蓝天上白云飘，白云下面马儿跑"，是草原文化自然生态与社会生活的诗歌映现。同样，"九九加一九，耕牛遍地走""锄禾日当午，汗滴禾下土。谁知盘中餐，粒粒皆辛苦"，则是农耕文化自然生态与社会生活的真实再现。而"砍伐大木，岂能骤折""棒打狍子瓢舀鱼，野鸡飞到饭锅里"，则是森林文化自然生态与社会生活的经验概括。

（四）文化娱乐

其文化娱乐，也映现森林中狩猎生活的特点，其歌舞如《隋书·靺鞨传》所载：善起舞，"其曲折多战斗之容"。[1]歌舞多为射猎之姿。有刳木为舟的"威乎"（船）、儿童小弓"斐阑"（榆柳小弓）、鹿蹄腕骨的"罗丹"（耍拐）等。[2]

上述四个方面、十八组史料，既相互联系，又彼此区别，联系中有区别，区别中有联系。但是，任何一种文化形态都不是单一的、绝对的。如农耕文化中有草地、有牛羊牧放，也有树木、有打猎采集，但农桑为其主要生产方式和生活方式；草原文化有农作、有粮谷，也有树木，有射猎、采集，但游牧为其主要生产方式和生活方式；森林文化有草地、有牧放，也有农田耕作、有织布，但渔猎为其主要生产方式和生活方式；高原文化更是多元的，但高原文化为其主要生产方式和生活方式等等。总之，对于这一问题，既要看枝节，更要看根本；既要看局部，更要看整体。如单列一项或数项，可能说明不了森林文化形态问题；而进行综合分析，总体认识，就可以得出如下结论：古代东北地域不是牧区、游牧经济、草原文化，而是林区、渔猎经济、森林文化。森林文化自远古发育，绵延不绝，发展不断，为后来森林帝国作出历史积淀。

---

〔1〕《隋书》卷四六《靺鞨传》，第 1821—1822 页。

〔2〕《钦定满洲源流考》卷二〇，第 248—249 页。

第四章
积淀：文化演进

东北森林文化的演进，源远流长，岁月悠久，艰难曲折，从未中断，众多部落，统合发展。它由蒙昧到文明，由部落到联盟，由局部政权到半壁山河，再到全国一统皇权，经历了长久而起伏的文化积淀。下分三节，进行阐述。

一　肃慎：楛矢石砮

东北森林地域远古部民，据文献记载，最早为肃慎。为说明肃慎，要从这一地域的远古寻踪来叙述。

在外兴安岭、大兴安岭、小兴安岭、长白山等山林地域，在黑龙江、松花江、乌苏里江、牡丹江、图们江等江河流域，居住着早期蒙昧的森林居民。这个森林居民的族群，主要是满－通古斯族群。

满－通古斯族群有古老而悠久的历史、纯朴而浓郁的文化。关于它的远古来源，现有文献资料，不能提供确凿的史据。2010年，考古学家在西伯利亚丹尼索瓦一个洞穴里，发现了一块古人手指骨化石。这说明在很早以前，在这一地区已经有人类居住和生活。考古资料表明：满－通古斯人在新石器时代，就已经是东北亚这个广袤森林地域的原住民。因此，它的历史可以追溯到公元前三千年。至今，满－通古斯的文明史也已有五千多年。

东北亚森林文化的范围，有学者按地域分为两大部分：北部满－通古斯人和南部满－通古斯人。[1]北部满－通古斯人主要居住在外兴安岭迤北，从叶尼塞河、勒纳河到堪察加半岛等地带。南部满－通古斯人，主要居住在外兴安岭以南，黑龙江、松花江、乌苏里江、图们江和长白山地域。在远古时代，他们过着狩猎、捕鱼和采集的生活。起初他们主要使用木制工具，如攻击用的木棍，采集用的棒槌，射猎用的弓箭，以及捕鱼用的独木舟等。他们是在捕获动物吃食之余，逐渐学会饲养，如狩猎人将捕获的活野鹿加以驯养而成为驯鹿；也将捕获的野猪加以饲养，而成为家豕（猪）；还将野狗加以驯养而成为家犬等。人们的群聚生活与血缘关系，形成若干部落，部落又分成族群，组成原始的社会。这些使鹿、使犬、穿鱼皮衣的部落，就是后来"使鹿部""使犬部"和"鱼皮部"称呼的由来。渔猎是森林地域部民生活的重要来源，如黑龙江下游地带部民，"地不产五谷，惟出紫貂、玄狐、海螺、灰鼠、水獭、鹰雕及鱼"。[2]采集物也是他们饮食的重要来源，采野果、挖根茎，如采蘑菇、摘松子、捡榛子、挖人参等。因采集不同植物的果实、根茎，猎获林中不同的飞禽、走兽，捕捞不同水产的鱼类、蛤蚌，出现多样化的饮食。

---

〔1〕 ［俄］史禄国著，吴有刚等译：《北方通古斯的社会组织》，内蒙古人民出版社，1985 年，第 1—3 页。

〔2〕 魏源：《圣武记》卷一，中华书局，1984 年，第 11 页。

这些东北森林中的远古满－通古斯人，自然属于森林文化，而不属于农耕文化，也不属于草原文化，已为共识，似无异议。

森林文化的部民，由于纬度、地形、气候、山川、降雨和动植物区系等的差异，他们的生活也有很大的差异。

对满－通古斯人，俄国人、传教士等先后留下了记载：

> 十七世纪初，俄国人向东扩张直到堪察加，在他们的报告中首次直接提到北方通古斯人。一六九二年，威特森首次发表了一些有关通古斯人的语言学材料。十八世纪以来，若干旅行者将他们在西伯利亚和黑龙江的观察所得，写出了一些记述。[1]

上面引文提到的著作，其最早时间为1692年，即清康熙三十一年。其实，早在两千年前的中国史籍中，就出现有关满－通古斯人肃慎人的记载。而且，到18世纪以前，在汉文史籍中，有关肃慎等的记载，资料丰富，史不绝书。

汉文古籍对满－通古斯人的记载，在俄国人、西方人到西伯利亚、到黑龙江流域之前，早见于《尚书》《国语》《史记》《山海经》《竹书纪年》等古代文献。他们的先民，在商周被称作肃慎。

记载肃慎的文献，举例如下：

1.《国语·鲁语》记载："昔武王克商，通道于九夷、百蛮，使各以其方贿来贡，使无忘职业。于是，肃慎氏贡楛矢、

---

[1]《北方通古斯的社会组织》，第5页。

石砮，其长尺有咫。"〔1〕这里说明，周武王灭商后，肃慎就来贡献楛矢石砮。"楛矢石砮"：其楛矢，用楛木做箭杆；其石砮，用砮石做矢镞。〔2〕

我国古籍最早记载东北地区的族群部民是肃慎。肃慎一名多译，如息慎、稷慎等，又曾被译作诸理申、诸申、女真、女直等。肃慎的语言是满-通古斯语，就是后来的满语。森林地域的族群部民，因其向中原政权朝贡时，不同部落首领前来，于是记载其部落名称，出现记载殊异，甚且彼此抵牾。肃慎是我国、也是世界文献中最早出现的东北森林部族的名称，它距今已有三千多年。

2.《尚书·周书·周官》记载："成王既伐东夷，肃慎来贺。王俾荣伯作《贿肃慎之命》。"〔3〕"疏"引"正义"曰："成王即政之初，东夷背叛。成王既伐而服之，东北远夷其国有名肃慎氏者，以王战胜，远来朝贺。王赐以财贿，使荣国之伯为策书，以命肃慎之夷，嘉其庆贺，慰其劳苦之意。史叙其事，作《贿肃慎之命》名篇也。"《尚书》成书年代，学界看法不一，但多认为是战国时期（公元前475—前221）。这说明早在西周（约公元前11世纪—前771年），肃慎就同中原王朝发生着联系。

3.《春秋经传集解》记载："肃慎、燕、亳，吾北土也。"〔4〕

---

〔1〕《国语集解》卷五《鲁语下》，中华书局点校本，2002年，第204页。
〔2〕《宁古塔纪略》云："石砮出混同江中，相传松脂入水千年所化，厥色青绀，厥理如木，厥坚过铁石，土人以之砺刃，知为肃慎砮矢之遗。"
〔3〕《尚书》卷一八《君陈》，中华书局影印宋本十三经注疏附校刊本，1980年，第22页。
〔4〕《春秋经传集解》卷二二，清乾隆四十八年（1783）武英殿仿宋相台五经本，第7页上。

这里表明，肃慎，在春秋时期（公元前 770—前 476），其居住的地域，已经纳入或被视作周朝的版图。

4.《逸周书·王会》记载："正北方，稷慎大麈。"〔1〕这句话的意思是：周朝初期，北方稷慎来向周王贡献似鹿的大麈。麈，很像鹿，比鹿大，其尾可做拂尘。这显示了肃慎同中原王朝的政治与文化的关系。

5.《山海经·大荒北经》记载："大荒之中有山，名曰不咸，有肃慎氏之国。"〔2〕学者对大荒山、不咸山有不同解释，其中一种解释是长白山。

6.《竹书纪年》记载：帝舜有虞氏二十五年，"息慎氏来朝，贡弓矢"。〔3〕又记载：周武王十五年，"肃慎氏来宾"。〔4〕再记载：成王九年，"肃慎氏来朝，王使荣伯锡肃慎氏命"。〔5〕肃慎氏的部人，从遥远北方来向中原的周王朝贡，且记载先后三次，表明来往之频繁、关系之密切。

肃慎使用的石砮，在今吉林、黑龙江已有考古发现。

以上史料，清楚表明：满-通古斯人，其先民肃慎，来贡献"楛矢石砮""大麈"，这些贡品都是森林物产、狩猎经济的反映，而不是草原产物，因为草原地带没有"楛矢石砮"，也没有"大麈"。从文献记载的源头，证明东北属于森林文化，而不

---

〔1〕《逸周书》卷七《王会》，清乾隆五十一年（1786）抱经堂丛书本，第13页下。
〔2〕《山海经》卷一七《大荒北经》，四部丛刊影印明成化刊本，第79页下。
〔3〕《竹书纪年》卷一《五帝纪》，竹书纪年王懿荣校正本，清光绪五年（1879）刻本，第11页下。
〔4〕《竹书纪年》卷九《周纪一》，第4页上。
〔5〕同上书，第6页下。

属于草原文化。

到秦汉，东北森林地域经常同中原皇朝有朝贡与受赐关系的，主要是挹娄。

二　挹娄：多猪无羊

东北森林部民，到汉魏时期，肃慎又称"挹娄"。如《晋书·肃慎传》就肃慎－挹娄的历史、社会、生活、习俗，做了五百余字的记载。其内容丰富，兹引录如下：

> 肃慎氏，一名挹娄，在不咸山北，去夫余可六十日行。东滨大海，西接寇漫汗国，北极弱水。其土界广袤数千里，居深山穷谷，其路险阻，车马不通。夏则巢居，冬则穴处。父子世为君长。无文墨，以言语为约。有马不乘，但以为财产而已。无牛羊，多畜猪，食其肉，衣其皮，绩毛以为布。有树名雒常，若中国有圣帝代立，则其木生皮可衣。无井灶，作瓦鬲，受四五升以食，坐则箕踞，以足挟肉而啖之，得冻肉，坐其上令暖。土无盐、铁，烧木作灰，灌取汁而食之。俗皆编发，以布作襜，径尺余，以蔽前后。将嫁娶，男以毛羽插女头，女和则持归，然后致礼聘之。妇贞而女淫，贵壮而贱老。死者其日即葬之于野，交木作小椁，杀猪积其上，以为死者之粮。性凶悍，以无忧哀相尚。父母死，男子不哭泣，哭者谓之不壮。相盗窃，无多少皆杀之，故虽野处而不相犯。有石砮，皮骨之甲，檀弓三尺五寸，楛矢长尺有咫。其国东北有山出石，其利入铁，将取之，必先祈神。

周武王时，献其楛矢、石砮。逮于周公辅成王，复遣使入贺。尔后千余年，虽秦汉之盛，莫之致也。及文帝作相，魏景元末，来贡楛矢、石砮、弓甲、貂皮之属。魏帝诏归于相府，赐其王傉鸡、锦罽、绵帛。至武帝元康初，复来贡献。元帝中兴，又诣江左贡其石砮。至成帝时，通贡于石季龙，四年方达。季龙问之，答曰"每候牛马向西南眠者三年矣，是知有大国所在，故来"云。[1]

《三国志·东夷列传》也记载："其弓长四尺，力如弩，矢用楛，长尺八寸，青石为镞，古之肃慎氏之国也。"[2]

上述文献记载，分作几点解析：

其一，语言：秦汉的挹娄同商周的肃慎，虽因到中原皇朝进贡的部落不同，而称谓不同；但他们为同一族系，并同一语言。

其二，"无羊"：挹娄"无牛羊"，说明他们不放牧牛羊，不是游牧经济，也不是游牧部落。

其三，"畜猪"：挹娄"多畜猪"，说明肉食习惯与草原民族不同；也说明他们过着定居的生活，而不是"逐水草而居"的游牧生活。

其四，"貂皮"：是东北林区特有的动物貂的皮毛；西北牧区不见有产貂皮并以此进贡的文献记载。特别是挹娄的貂皮，品质与声誉俱佳，被誉为"挹娄貂"。

---

〔1〕《晋书》卷九七《东夷列传·肃慎》，中华书局点校本，1974年，第2534—2535页。

〔2〕《三国志》卷三〇《魏书·东夷列传·挹娄》，中华书局点校本，1959年，第848页。

其五，"毛羽"：用作男女定情之饰品，因林中飞禽是挹娄人的伙伴。

其六，"楛砮"："楛木"是东北森林地区特有的灌木，"石砮"是东北森林地区的特产矢镞，西北草原地区不见有出产"楛木"和"石砮"的记载，也并不见用其做贡品的文献。

以上记载，史料充分，六点解析，可以看出：挹娄属于森林文化，而不属于草原文化。

同时，在两晋，据《晋书·东夷列传》所载，满－通古斯族群，部落众多，挹娄之外，还有其他——大者如肃慎、夫余，小者如裨离、养云、寇莫、一群、牟奴、模卢、于离末利、蒲都、绳余、沙楼等，多派使臣，不远万里，或来归化，或来朝贡。[1]

此外，在今黑龙江省双鸭山市发现大量挹娄定居聚落的遗址和遗存。[2]这说明挹娄是过着定居的生活，而不是游牧生活。

总之，两汉的挹娄，魏晋的勿吉，隋唐的靺鞨，文脉相承，延续两千年。在二十四史中，《史记》有《匈奴列传》《南越列传》《东越列传》《西南夷列传》和《朝鲜列传》，而没有"东夷列传"。《汉书》有《匈奴列传》《西域列传》《朝鲜列传》，文字记载，以字数言，详西略东。从《后汉书》开始，方有《东夷列传》。记载："及武王灭纣，肃慎来献石砮、楛矢。"而后，

---

〔1〕《晋书》卷九七《东夷列传》，第 2532—2537 页。

〔2〕黑龙江省文物考古研究所：《黑龙江省双鸭山市滚兔岭遗址发掘报告》，载王学良主编：《荒原觅古踪》，双鸭山市文物考古资料汇编委员会印本，2008 年，第 11—24 页。

"康王之时，肃慎复至。"[1]东汉自光武（25—57）以来，史书记载："声行海表，于是濊、貊、倭、韩万里朝献。"[2]由是，夫余、挹娄、高句骊、句骊、濊貊、东沃沮、北沃沮等同朝廷遣使往来，朝贡不断。

到魏晋，勿吉出现在东北森林文化的历史舞台上。

三　勿吉：射猎为业

勿吉，又译作"渥集""窝集""乌稽""兀吉"等，原意是森林。先是，满－通古斯族群，商周称肃慎，秦汉称挹娄，魏晋则称勿吉，是在中原皇朝进贡的称谓，按照史书通例，四夷酋长来朝，史书记之，否则不记——来者记之，不来者不记之。如《后汉书》有《挹娄传》，而无《肃慎传》；《魏书》有《勿吉传》，而无《挹娄传》，都是沿袭通例。

《魏书·勿吉传》留下珍贵的勿吉史料：如"在高句丽北，旧肃慎国也。邑落各自有长，不相总一。其人劲悍，于东夷最强"。勿吉部人，"筑城穴居，屋形似塚，开口于上，以梯出入"。还记载："多猪无羊""善射猎"等。在太和（477—499）初年，"又贡马五百匹"。[3]一次贡马五百匹，可见其实力之强大。勿吉同北魏，往来长久，史不绝书。

以下记载，尤可注意：

其一，"多猪无羊"。多猪，表明是定居生活；"无羊"，表

---

[1]《后汉书》卷八五《东夷列传》，中华书局点校本，1965年，第2808页。
[2] 同上书，第2809页。
[3]《魏书》卷一〇〇《勿吉传》，中华书局点校本，1974年，第2220页。

明不是游牧经济。

其二，"以射猎为业"。善于骑马射猎，表明是狩猎民族，不是游牧民族。

其三，"贡马五百匹"，表明部族实力强大。也就是从肃慎，经挹娄，到勿吉，森林族群人口逐渐繁盛，马匹增多，部族实力日趋强大。

其四，"筑城穴居"，表明民居有定所，部聚有城垣，俨然一个很大、很强的部落。

据《魏书》"本纪"，勿吉曾先后至少27次向北魏诸帝朝贡，依此为据列表如下：[1]

序号	年代	记载情况
1	太和二年（478）八月	勿吉国遣使朝献
2	太和十年（486）十二月	勿吉国遣使朝贡
3	太和十二年（488）八月	勿吉国贡楛矢、石砮
4	太和十七年（493）正月	勿吉国遣使朝献
5	景明四年（503）八月	勿吉国贡楛矢
6	正始四年（507）二月	勿吉国贡楛矢
7	永平元年（508）二月	勿吉、南天竺国并遣使朝献
8	永平二年（509）八月	高昌、勿吉、库莫奚诸国并遣使朝献
9	永平三年（510）八月	勿吉国遣使朝贡
10	永平四年（511）八月	勿吉国献楛矢
11	延昌元年（512）八月	勿吉国贡楛矢
12	延昌二年（513）九月	勿吉、吐谷浑、邓至国并遣使朝贡
13	延昌三年（514）七月	勿吉国遣使朝贡

---

[1]《魏书》卷一至卷一二诸"帝纪"，中华书局点校本，1974年，第1—308页。

序号	年代	记载情况
14	延昌三年（514）九月	吐谷浑、契丹、勿吉诸国并遣使朝贡
15	延昌四年（515）正月	勿吉……等诸国遣使朝献
16	延昌四年（515）十月	勿吉国贡楛矢
17	熙平二年（517）正月	勿吉国遣使朝贡
18	熙平二年（517）十月	勿吉国贡楛矢
19	神龟元年（518）二月	嚈哒、高丽、勿吉……诸国，并遣使朝贡
20	神龟元年（518）八月	勿吉国遣使朝贡
21	正光二年（521）六月	勿吉国遣使朝贡
22	天平三年（536）十二月	勿吉国遣使朝贡
23	兴和二年（540）	蠕蠕、高丽、勿吉国并遣使朝贡
24	兴和三年（541）	蠕蠕、高丽、勿吉国并遣使朝贡
25	武定二年（544）	吐谷浑、高丽、蠕蠕、勿吉国并遣使朝贡
26	武定四年（546）	室韦、勿吉……并遣使朝贡
27	武定五年（547）	高丽、勿吉国并遣使朝贡

此外，《北史·勿吉传》记载："人皆善射，以射猎为业。"又载："男子衣猪皮裘，头插武豹尾"。[1]骑射于草原族群，主要是征战装备和武器；于森林族群，既是作战装备和武器，更是生产工具和手段——"以射猎为业"。

上列丰富文献记载，从一个侧面说明，肃慎、挹娄、勿吉在从商周到隋唐的两千年间，同中原王朝有着密切关系，并过着渔猎生活。直到明末清初，这个地区的部民生活，文献记载："土人惟知渔猎，不知耕种。"[2]肃慎、挹娄、勿吉的历史表明，时间不同，地域不同，地域产物也不同——偏北濒临江

[1]《北史》卷九四《勿吉传》，中华书局点校本，1975年，第3124页。
[2] 魏源：《圣武记》卷一，第14页。

河湖海，捕捞文化更浓一些；偏南濒临平川沃土，农耕文化更重一些，但就其总体来说，他们属于森林文化，而不属于草原文化。

历史进入隋唐时期，肃慎族系的后裔称作靺鞨。森林文化经过长久的积淀，靺鞨在唐朝建立区域性政权——渤海国。

第五章

先声：渤海政权

历史进入隋唐时期，东北地域的满－通古斯族群，在肃慎、挹娄、勿吉之后，称作靺鞨。森林文化经过长久复杂的积淀、统合，并与农耕文化交融而逐步兴起，产生了东北地区第一个大规模区域性政权——渤海国。渤海国的建立代表了森林帝国进行文化统合的先声和准备。

一　文化机遇

隋亡唐兴，满－通古斯族系发生了一个划时代的事件，就是粟末靺鞨建立渤海区域性政权。渤海政权的建立，有一个曲折而漫长的演变过程。

中国历史在东晋、十六国（304—439）和南北朝（420—589）时期，陷于分治局面。到公元581年，隋文帝杨坚（581—604年在位），结束长达两个半世纪的分裂局面，重新实现了中国的大一统。杨坚在位24年，史书赞他日夜勤劳，经营四方：

楼船南迈，则金陵失险；骠骑北指，则单于款塞。《职方》所载，并入疆理；《禹贡》所图，咸受正朔。[1]

就是中国重新出现南北大一统的局面。

隋文帝杨坚虽然重建中国大一统的局面，却在执政后期，缺宽仁，尚符瑞，多刻薄，崇奢靡，误托付，埋隐患。他在位24 年，崩于大宝殿，时年64。[2]死后由他的第二个儿子杨广（569—618）继位，这就是隋炀帝。隋炀帝在位14 年（605—618），营建东都洛阳，开凿运河，巡幸江都，远征辽东。隋炀帝杨广"三驾辽左"分别是：

其一，大业八年（612），隋炀帝发兵，左右两路，各十二军，总数一百一十三万余人，号称二百万，后勤者倍之，旌旗亘千里。[3]但事与愿违：九军并陷，官兵奔溃。结果，大败。此时，中原地区大旱大疫异常严重，"是岁，大旱，疫，人多死，山东尤甚"。[4]

其二，大业九年（613），隋炀帝再征天下兵马，车驾二渡辽河。时因礼部尚书杨玄感反于黎阳，兵逼东都，急命班师，无功而返。

其三，大业十年（614），隋炀帝以"黄帝五十二战、成汤二十七征"的气概，欲以"分命六师、百道俱进"[5]的兵略，旌旗北指，远征高句丽。隋师右翊卫大将军来护儿率师渡海，至卑奢城，高句丽举国来战，护儿大破之，斩千余级，声威大

---

[1]　《隋书》卷二《高祖纪下》，中华书局点校本，1973 年，第 55 页。

[2]　同上。

[3]　《隋书》卷四《炀帝纪下》，第 81—82 页。

[4]　同上书，第 83 页。

[5]　同上书，第 86—87 页。

振。将趋平壤，国王高元[1]震惧，遣使执叛臣斛斯政，[2]献于军前，后携而归，杀于都城。于是，隋军"诣辽东城下，上表请降。帝许之"[3]。元帅来护儿虽欲乘势前进，却无功而还。他说：

> 贼势破矣，专以相任，自足办之。吾在阃外，事合专决，岂容千里禀听成规！俄顷之间，动失机会，劳而无功，故其宜也。吾宁征得高元，还而获谴，舍此成功，所不能矣。[4]

隋军元帅来护儿在即将夺取全胜的关键时刻，难违君命，难犯众愿，只好委屈从命，奉诏撤军而归。[5]

隋朝之亡，并非天意，祸由内起，乱自家生。其时，天下民变，各地蜂起，小股攻县，大股称王。隋炀帝晚年，宫廷政

---

[1] 高丽婴阳王元，隋开皇十年（590）即位，到隋炀帝大业十三年（617），在位共28年。

[2] 《隋书》卷七〇《斛斯政传》记载，斛斯政在隋炀帝一征高丽时，逃奔高丽。三征高丽时，高丽请求执送斛斯政。许之，遂锁政而还。至京师，以政告庙，有大臣奏曰："斛斯政之罪，天地所不容，人神所同忿。若同常刑，贼臣逆子何以惩肃？请变常法。"帝许之。于是将斛斯政押出金光门，缚政于柱，公卿百僚并亲击射，脔割其肉，多有啖者。啖后烹煮，收其余骨，焚而扬之。

[3] 《隋书》卷七〇《斛斯政传》，第1622—1623页。

[4] 《隋书》卷六四《来护儿传》，第1516页。

[5] "（帝）遣人持节诏护儿旋师。护儿集众曰：'三度出兵，未能平贼，此还也，不可重来。今高丽困弊，野无青草，以我众战，不日克之。吾欲进兵，径围平壤，取其伪主，献捷而归。'答表请行，不肯奉诏。长史崔君肃固争，不许……君肃告众曰：'若从元帅，违拒诏书，必当闻奏，皆获罪也。'诸将惧，尽劝还，方始奉诏。"（《隋书·来护儿传》）

变，身被缢杀，隋祚断送。[1]

　　秦朝短祚而斩，隋朝短祚而亡。前者15年，后者38年，其因皆在于：国家初太平，应与民休息，却在"瞎折腾"——不顾天时，不管地利，不顺民意，不求安定，好大喜功，穷极侈靡，耗尽民力，人不堪命，天人不容，短祚而亡。

　　隋炀帝"三驾辽左，旌旗万里"，产生了多方面的影响与后果：

　　其一，隋朝大军压向辽左，该地各个族群，为了生存，避害趋利，进行族群大移动，扰乱了原有的社会秩序，打破了族群的平衡关系，引发辽左的诸族动荡，形成各部的重新组合。

　　其二，隋朝大军压向辽左，向该地各个族群显示，中央皇朝的军队虽然强大，但在决胜关键时刻自动撤退，并不可怕。这就使部分有实力的族群、有野心的首领，乘着时机，扩张势力，四处征战，建立王权。

　　其三，隋朝大军压向辽左，部分族群首领，俯首朝廷，前来朝贡，目睹中原繁华，引发更大贪欲。在隋炀帝征辽时，粟末靺鞨部"渠帅度地稽率其部来降。拜为右光禄大夫，居之柳城，[2]与边人来往。悦中国风俗，请被冠带，帝嘉之，赐以锦绮而褒宠之"[3]。度地稽后从隋炀帝东征，有战功，赏优厚，任隋官，着隋服，随幸江都，寻放归柳城。度地稽所率靺鞨诸部及其后裔，后来成为辽东靺鞨首领乞乞仲象等部的重要组成势力。

―――――――

〔1〕《隋书》卷五《恭帝纪》，第101页。
〔2〕柳城，在今辽宁省朝阳市境。
〔3〕《隋书》卷八一《靺鞨传》，第1822页。

67

以上三点，改变了自三国以来辽东的局势，而满－通古斯族系的靺鞨诸部，直接受到极大的影响。

迁徙到营州一带的粟末靺鞨首领乞乞仲象，[1]在营州变乱后，[2]被女皇武则天封为"震国公"[3]。乞乞仲象死后，其子大祚荣继为首领。[4]大祚荣率领靺鞨部众，吸收高句丽、契丹、白山等部民，人数不断扩增，军队逐渐扩大，为避免突厥、契丹、唐军的干扰，长途"东奔"，初定于"挹娄之东牟山"。[5]《新唐书·渤海传》记载：

> 祚荣即并比羽之众，[6]恃荒远，乃建国，自号震国王，遣使交突厥，地方五千里，户十余万，胜兵数万。颇知书契，尽得扶余、沃沮、弁韩、朝鲜海北诸国。中宗时，使侍御史张行岌招慰，祚荣遣子入侍。睿宗先天中，遣使拜祚荣为左骁卫大将军、渤海郡王，以所统为忽汗州，领忽汗州都督。自是始去靺鞨号，专称渤海。[7]

〔1〕《五代会要》卷三〇释"大舍利乞乞仲象"曰："大，姓；舍利，官；乞乞仲象，名也。"
〔2〕营州之乱：契丹、靺鞨、奚、霫等部众，爆发变乱。唐军平变，军事失利。则天女皇万岁通天年间，靺鞨乞四比羽、乞乞仲象等率所部东走。这次事件，史称"营州之乱"。
〔3〕震国公，又作振国公。
〔4〕大祚荣：大，为姓；祚荣，为名。
〔5〕挹娄之东牟山，其地点在今吉林省敦化市西南 12.5 公里处的城子山城址。魏国忠等著：《渤海国史》，中国社会科学出版社，2006 年，第 47 页。
〔6〕比羽即乞四比羽，为靺鞨另一部首领。后兵败，其部众多归于大祚荣。
〔7〕《新唐书》卷二一九《渤海传》，中华书局点校本，1975 年，第 6179—6180 页。

"睿宗先天中"，指先天二年即713年，睿宗李旦已于先天元年退位，当时在位者乃唐玄宗李隆基。[1]唐朝封大祚荣为左骁卫大将军、渤海郡王，以所统为忽汗州，领忽汗州都督。从此，去靺鞨，称渤海。中国渤海学专家认为，这是渤海国的起始。

渤海国居民的主体为粟末靺鞨人，包括粟末靺鞨、白山靺鞨等，其首领大祚荣就是粟末靺鞨人。虽有如高句丽人、契丹人、奚人、霫人、汉人等，但其主体是靺鞨部落。《隋书·靺鞨传》记载靺鞨共有七个部：一为粟末部，南与高句丽相接；二为伯咄部，在粟末之北；三为安车骨部，在伯咄东北；四为拂涅部，在伯咄之东；五为号室部，在拂涅之东；六为黑水部，在安车骨之西北；七为白山部，在粟末之东南。其中黑水部位置最北，实力最强。[2]

其族群生活、民风、民俗、文化有八个特点，据《隋书·靺鞨传》等记载，略加归纳，概述如下：

（1）民风：人皆射猎为业，角弓长三尺，箭长尺有二寸。矢皆石镞，常以七、八月造毒药，傅矢以射禽兽，中者立死。

（2）文化：射猎是其生活主题。隋文帝时靺鞨人来朝，宴饮于廷，"使者与其徒皆起舞，其曲折多战斗之容。"[3]

（3）居住：夏则巢居，冬则凿穴以居，开口向上，以梯出入。

〔1〕《旧唐书·渤海靺鞨传》作"睿宗先天二年"，《新唐书·渤海传》"睿宗先天中"注文作："《册府》卷九六四作'玄宗先天二年'，《通鉴》卷二一〇合。此误。"
〔2〕《隋书》卷八一《靺鞨传》，第1821页。
〔3〕同上书，第1822页。

（4）敬畏：与动物和谐，其俗甚敬畏，山林中有熊、罴、豹、狼，皆不害人，人亦不敢杀。

（5）农业：相与偶耕，土多粟、麦、穄。嚼米为酒，饮之亦醉。

（6）养猪：其畜多猪。

（7）衣服：妇人服布，男子衣猪狗皮。

（8）习俗：其俗淫而妒，其妻外淫，人有告其夫者，夫辄杀妻，杀而后悔，必杀告者，由是奸淫之事终不发扬。[1]

显然，渤海国延续肃慎、挹娄、勿吉等森林文化传统；而渤海国的建立，则意味着靺鞨人以森林文化为主线，统合农耕文化、游牧文化，迈出了通向森林帝国的第一步。

渤海政权的四面，形势分合变化，影响渤海政权。

在南面，是唐朝。前述唐朝取代隋朝，而唐朝的军事重点是对之构成威胁的突厥和辽东的高句丽。为示好唐朝，渤海国遂接受册封，大祚荣派子大门艺入侍唐帝。加强了同唐朝的联系：大钦茂时，朝献达29次之多；大仁秀时，"元和中凡十六朝献，长庆四，宝历凡再"，[2]朝献达22次之多。以上总计达51次之多。

在东面，是高句丽。高句丽，都平壤，原是隋、唐的属国，其国王受隋、唐皇帝册封。高丽"有城百七十六，户六十九万七千"。[3]唐高宗乾封三年（668），高句丽国亡。从此，靺鞨解除了东邻的威胁，成为渤海政权建立的一个重要外在条件。

---

〔1〕《隋书》卷八一《靺鞨传》，第1821—1822页。

〔2〕《新唐书》卷二一九《渤海传》，第6181页。

〔3〕《旧唐书》卷一九九上《高丽传》，中华书局校点本，1975年，第5327页。

在北面，是黑水靺鞨。其地辽远，经济落后，尚未崛起，也构不成对渤海的威胁，且成为渤海立国一个重要的外在条件。

在西面，先是突厥、后是契丹。突厥盛时，"其地东西万余里，控弦四十万，自颉利之后，最为强盛。"[1] 渤海屈从突厥，以求生存和发展。契丹在唐初受到唐军的巨大打击，对渤海已然形不成威胁，成为渤海立国的另一个重要的外在条件。

在大唐、突厥、契丹的三角关系中，突厥和契丹受到唐朝打击，而唐朝也在转衰，靺鞨首领大祚荣采取三方周旋策略，得以在历史缝隙中求统合、谋发展。

所以，渤海处于一个历史难得的机遇，既没有受到外在的强力干预，也没有受到唐朝的重大打击，便在森林文化统合、与农耕文化交融中应运而生。

二　辽东盛国

森林帝国的典型是清帝国。在清帝国建立以前，渤海、辽、金、后金政权，都为建立森林帝国进行了漫长的摸索、积累和准备。后面将分章展开，本节从渤海政权开始叙述。

渤海国被称作"辽东盛国"，是森林文化兴盛、与农耕文化统合的产物。

大祚荣（？—718），姓大，名祚荣，是粟末靺鞨渤海部的首领。先是，其父乞乞仲象内附，武后则天封其为"震国公"。乞乞仲象死后，大祚荣统领部众。后大祚荣自号"震国王"。[2] 震国有"地方五千里，户十余万，胜兵数万，颇知书

---

[1]《旧唐书》卷一九四上《突厥传上》，第5172页。

[2]《旧唐书·渤海靺鞨传》作"振国王"。

契，尽得扶余、沃沮、弁韩、朝鲜海北诸国"。它统合扶余、沃沮等森林部族，到唐中宗时（705—710），大祚荣受朝廷招慰，派长子大门艺到京城长安入侍。唐玄宗先天二年（713），唐朝"遣使拜祚荣为左骁卫大将军、渤海郡王，以所统为忽汗州，领忽汗州都督。自是始去靺鞨号，专称渤海"[1]。大祚荣兼有"震国王""渤海郡王"殊荣，还身任忽汗州之都督。

渤海政权的特点，主要分列如下：

第一，建立政权，领域广阔。唐先天二年（713），大祚荣受唐封为渤海郡王，改称震（振）为渤海。开元六年（718），大祚荣死。其子大武艺继立。开元二十五年（737）大武艺死后，其子大钦茂立，仍袭父职。大钦茂在位57年，死后权力短暂更迭，唐德宗贞元十年（794），由其嫡孙大华玙嗣立。大氏渤海政权，自武周圣历元年（698）大祚荣立国，到后唐明宗天成元年即辽太祖天显元年（926），大谭撰被辽所灭，传15王，共213年。渤海国是满洲-通古斯族系各族中第一个经过中央皇朝册准而建立的区域性政权，是满-通古斯族系所建时间最早的一个政权，也是森林文化孕育的第一个区域性政权。渤海政权，权力盛极一时。最盛时地域，东临新罗，西接突厥，南达辽河，北至黑水靺鞨。其地领"五京、十五府、六十二州"。[2]到大彝震时期（830—857），已经发展成为"辽东盛国"。[3]具体地说，势力范围：东到大海，西达今吉林省农安、梨树，辽宁省昌图、宽甸，南至今辽宁省丹东北至朝鲜龙兴江一线，北接今黑龙江省同江、抚远。

---

[1]《新唐书》卷二一九《渤海传》，第6179—6180页。
[2] 同上书，第6182页。
[3]《辽史》卷三八《地理志二》，中华书局点校本，1974年，第456页。

第二，设立五京，文化二元。五京设置带有文化二元性：五京与州府制度结合起来，既反映了农耕文化的影响，又有渔猎经济的色彩。

在中国古代史上，靺鞨渤海、契丹大辽、女真大金等都设立五京，这与渔猎文化不无关系。而且，渤海政权设立五京，开启多京制的历史先例。史载：

> 以肃慎故地为上京，曰龙泉府，[1]领龙、湖、渤三州。其南为中京，[2]曰显德府，领庐、显、铁、汤、荣、兴六州。獩貊故地为东京，曰龙原府，[3]亦曰栅城府，领庆、盐、穆、贺四州。沃沮故地为南京，曰南海府，[4]领沃、晴、椒三州。高丽故地为西京，曰鸭渌府，[5]领神、桓、丰、正四州；曰长岭府，领瑕、河二州。扶余故地为扶余府，常屯劲兵扞契丹，领扶、仙二州；鄚颉府领鄚、高二州。挹娄故地为定理府，领定、潘二州；安边府，领安、琼二州。率宾故地为率宾府，领华、益、建三州。拂涅故地为东平府，领伊、蒙、沱、黑、比五州。铁利故地为铁利府，领广、汾、蒲、海、义、归六州。越喜故地为怀远府，领达、越、怀、纪、富、美、福、邪、芝九州；安远府领宁、郿、慕、常四州。又郢、铜、涑三州为独奏州。涑州以其近涑沫江，盖所谓粟末水也。[6]

---

[1]　上京龙泉府，治所在今黑龙江省宁安市渤海镇。
[2]　中京显德府，治所在今吉林省和龙县西古城。
[3]　东京龙原府，治所在今吉林省珲春市八连城。
[4]　南京南海府，治所在今朝鲜咸境南道北青土城（又称青海古城）。
[5]　西京鸭渌府，治所在今吉林省临江市临江镇境。
[6]　《新唐书》卷二一九《渤海传》，第6182页。

第三，政府机构，仿照唐朝。中央官署设有三省：宣诏省，设左相、左平章事、侍中、左常侍、谏议等；中台省，设右相、右平章事、内史、诏诰舍人等；政堂省，大内相一人，居左右相上，左、右司政各一，居左右平章事之下，以比仆射；左、右允比二丞。设左六司，忠、仁、义部各一卿，居司政下，支司爵、仓、膳部，部有郎中、员外；右六司，智、礼、信部，支司戎、计、水部，卿、郎准左。中正台（监察），大中正一，比御史大夫，居司政下；少正一。又有殿中寺、宗属寺，有大令。文籍院有监。令、监皆有少。太常、司宾、大农寺，寺有卿。司藏、司膳寺，寺有令、丞。胄子监有监长。巷伯局有常侍等官。其武官有左右猛贲、熊卫、罴卫，南左右卫，北左右卫，各大将军一、将军一。以品为秩，一、二、三秩，服紫，牙笏、金鱼；四、五秩，服绯，牙笏、银鱼；六、七秩浅绯衣，木笏；八秩绿衣，木笏。[1]地方行政区划仿唐制，设15府、62州，州下设县。

上文中的六部，忠、仁、义、智、礼、信，约相当于唐朝的吏、户、礼、兵、刑、工，建立起政府机关的架构。

第四，渔猎经济，兼有其他。经济以渔猎为主，兼营农耕、畜牧和手工业等。其太白山之菟、夫余之鹿、鄚颉之豕、率宾之马、湄沱湖之鲫、九都之李、乐游之梨等是著名产品，也是贡品。还有拂涅的鲸鲵睛、貂皮、白兔皮等。渤海的名马，在登州、青州等地交易，"岁岁不绝"。

渤海政权的五京设置、渔猎经济以及文化特色，充分显示出森林文化之特征。

---

〔1〕《新唐书》卷二一九《渤海传》，第6182—6183页。

但是，渤海文化不同于其后的契丹大辽和女真大金，不具有独立政权特质，而是有着两面色彩。

三　双面色彩

渤海政权的发展，具体表现如下。

第一，渤海政权，双面色彩。既受唐册封，又私自封谥。大祚荣既受武则天册封为震国公，又"恃荒远，乃建国，自号震国王"。[1]渤海一面私定年号、谥号，一面持续朝贡。唐开元七年（719）大祚荣死，"其国私谥为高王"。其子武艺继立，"私改年号曰仁安"。武艺死，私谥武王。子钦茂立，改年号大兴。死，私谥文王。其子早死，族弟立一年被杀。推华璵为王，改年号中兴。死，谥成王。钦茂少子嵩邻立，改年号正历。死，谥康王。子元瑜立，改年号永德。死，谥定王。弟言义立，改年号朱雀。死，谥僖王。弟明忠立，改年号太始。死，谥简王。从父仁秀立，改年号建兴。死，谥宣王。孙彝震立，改年号咸和，[2]等等。渤海国向唐朝进贡不断。如渤海朝献者，玄宗朝29次，德宗朝4次，宪宗朝16次，穆宗朝6次，文宗朝12次，武宗朝4次，懿宗朝3次，共74次。武艺还派大将张文休率领海盗攻打登州，已违诏令。开元二十年（732），时天气大寒，"雪袤丈，士冻死过半"。[3]渤海大武艺派兵"寇登州，杀刺史韦俊。"[4]唐派左领军将军盖福顺发兵征讨。此事说明，渤海触

---

〔1〕《新唐书》卷二一九《渤海传》，第 6179 页。

〔2〕同上书，第 6180—6181 页。

〔3〕《新唐书》卷二一九《渤海传》，第 6181 页。

〔4〕《旧唐书》卷八《玄宗纪上》，第 198 页。

角已伸向今山东半岛。

第二，森林文化，继续发展。渤海政权与唐朝关系密切。《旧唐书》和《新唐书》详列渤海与唐朝的遣使、朝贡、宴赏、封爵等记载。渤海对唐朝的贡品主要有：熊皮、马匹、皮革、鹰、鹘、鲻鱼、干文鱼、鲸鲵鱼睛等，药材有人参、牛黄、白附子、蜂蜜等，植物有松子等，还有玳瑁杯、玛瑙杯等。唐回赐的物品有：绢、帛、锦彩、粟、银器、金器等。又如唐开元二十六年（738），渤海一次贡品有貂鼠皮一千张、干文鱼一百口。[1] 靺鞨首领来朝，赐帛五百匹。运往中原交易的狩猎产品有：虎皮、海豹皮、貂鼠皮、白兔皮、猫皮、革、马匹、羊、鹰、海东青、鹘；水产有：鲸鲵鱼睛、鲻鱼、干文鱼等。见于记载猎获的野兽有：虎、豹、熊、野猪、鹿、狐、兔、猫、鼠、貂、獐、狍、狸、猯、猲等。考古资料则表明有：狼、狐狸、貉、黑熊、白熊、獾、青鼬、野猪、麂、梅花鹿、马鹿、斑羚、野兔、海狸、远东鼹鼠以及一些其他小啮齿动物。[2]

第三，农业经济，地位重要。渤海国的农业分布于江河冲击平原，以及丘陵地区。伴随铁制农具和耕牛的普及，农业得到大的发展，农作物品种多样，有粟、麦、稻、豆、荞麦，还有梨等水果。丰年产量，极为可观。

第四，文化发展，兼崇儒学。《松漠纪闻》记载：渤海"男子多智谋，骁勇出他国右，至有'三人渤海当一虎'之

〔1〕《册府元龟》卷九七一《外臣部·朝贡四》，中华书局影印本，1960 年，第
11353 页。

〔2〕［俄］З. В. 沙弗库诺夫等著，宋玉彬译：《渤海国及其俄罗斯远东部落》，
东北师范大学出版社，1997 年，第 119 页。

语"。[1]渤海派人到唐朝，抄写《三国志》《晋书》《唐礼》等书，并派遣贵族子弟前往唐朝学习。"其王数遣诸生诣京师太学，习识古今制度，至是遂为海东盛国"。[2]

第五，贡道畅通，文化交会。据《渤海国记·杂识》（下卷）记载："登州东北海行，过大谢岛、龟歆岛、末岛、乌湖岛，三百里，北渡乌湖岛，至马石山东之都里镇，二百里。东傍海壖，过青泥浦、桃花浦、杏花浦、石人汪、橐驼湾、乌骨江，八百里，乃南傍海壖，过乌牧岛、浿江口、椒岛，得新罗西北之长口镇。又过秦王石桥、麻田岛、古寺岛、得物岛，千里，至鸭渌江唐恩浦口，乃东南陆行，七百里，至新罗王城。自鸭渌江口舟行百余里，乃小舫溯流东北三十里，至泊汋口，得渤海之境。又溯流五百里，至丸都县城，故高丽王都。又东北溯流二百里，至神州。又陆行四百里，至显州。天宝中，王所都。又正北如东六百里，至渤海王城。"[3]

就是说，渤海国向唐朝朝贡的贡道，从渤海国都上京龙泉府龙州（今黑龙江省宁安市），经中京显德府显州（今吉林省和龙市），再行至西京鸭渌府神州（今吉林省临江市），顺鸭绿江经丸都（今吉林省集安市）入海，至登州（今山东省蓬莱市），再沿陆西行，直达大唐都城长安（今陕西省西安市）。[4]

---

〔1〕　洪皓：《松漠纪闻》卷上，《辽海丛书》影印本，辽海书社，1985年，第4叶。

〔2〕　《新唐书》卷二一九《渤海传》，第6182页。

〔3〕　黄维翰：《渤海国记·杂识》下卷，"辽海丛书"本，第一册，辽沈书社影印本，1984年，第23叶。

〔4〕　韩洋：《渤海国朝贡道应为北丝绸之路》，《中国文物报》2015年8月28日。

唐开元二年（714），唐鸿胪卿崔忻奉敕赴靺鞨，册封渤海首领大祚荣。后崔忻在返回途中，经过今辽宁旅顺，[1]刻石凿井，以作纪念。这块刻石，因崔忻官职鸿胪，刻石地在井旁，而被称作"鸿胪井刻石"，也称作"唐鸿胪井碑"，鸿胪井刻石是唐朝对渤海第一次册封之实物史证。唐鸿胪井刻石上，所镌刻的铭文以及唐、明、清时的题名，极具史料与文物之价值。[2]

渤海靺鞨建国的历史记忆在于：为满－通古斯族群后裔提供一个范本，其先人既然能够建立一个疆域辽阔、实力强大的"辽东盛国"，那么，其后裔叩打中原王朝的大门并建立大清皇朝，就不足以为怪了。

唐朝衰落，渤海覆亡。安史之乱成为唐朝由盛而衰的转折点。藩镇割据，群雄并起。辽与金建国，东北崛起，文化统合演进，揭开新的篇章。

---

〔1〕 鸿胪井刻石，在今辽宁省大连市旅顺口区黄金山麓旅顺港附近。

〔2〕 清光绪三十四年即日本明治41年（1908），日人将鸿胪刻石及其碑亭，运往日本。现存日本东京千代田区御所内建安府前庭。

第六章

过渡：契丹建辽

中国从朱温开平元年（907）建后梁，到忽必烈至元八年（1271）建大元，政权分立，矢镞纷飞，国家分治，黎民苦难，长达365年。这个局面的起点是安史之乱。其前，"唐之德大矣！际天所覆，悉臣而属之；薄海内外，无不州县，遂尊天子曰'天可汗'。三王以来，未有以过之。至荒区君长，待唐玺纛乃能国；一为不宾，随辄夷缚。故蛮琛夷宝，踵相逮于廷"；其后，"极炽而衰，厥祸内移，天宝之后，区夏痍破，王官之戍，北不逾河，西止秦、邠，凌夷百年，逮于亡，顾不痛哉"！[1]

在这个动乱年代，契丹建的大辽政权是森林文化和草原文化继续壮大、与农耕文化进一步碰撞融合的产物，它在森林帝国逐渐兴起的漫长历史中，扮演了"过渡"的角色。这要从安史之乱说起。

---

[1] 《新唐书》卷二一九《北狄列传》"赞曰"，中华书局点校本，1975年，第6183—6184页。

一 安史之乱

唐天宝十四载（755），安史之乱爆发。这是一个历史信号，即中华北方民族崛兴，由西北向东北，呈扇形转移。中华民族争融的重点——秦汉，主要在西北，如匈奴；隋唐，在西北和东北之间游动，如突厥和靺鞨；明清，则主要在东北，如女真和满洲。由西北向东北转移的一个历史性标志，是唐朝中叶的"安史之乱"。

安史之乱的祸首是安禄山，营州柳城胡人，其父早死，其母一说是突厥人，曾为觋，就是女巫。安禄山"通六蕃语，为互市郎"。他身体特别肥胖。《旧唐书·安禄山传》记载：禄山"晚年益肥壮，腹垂过膝，重三百三十斤，每行以肩膊左右抬挽其身，方能移步"[1]。安禄山虽然肥胖，却善跳胡舞，在唐玄宗前，"作《胡旋舞》，疾如风焉"。杨贵妃也宠安禄山，经唐玄宗同意，收他做干儿子。禄山肥胖走不动，玄宗就派人用大襁褓抬着他进宫，调笑开心，逗玩取乐。唐玄宗封安禄山为平卢、范阳、河东三镇节度使，拜尚书左仆射，进封东平郡王，驻镇范阳（今北京）。还在长安为他"置第宇，穷极壮丽"，他用的筐、篮、笊篱等，竟然都是以金银做的。他身边有个李猪儿，《旧唐书·安禄山传》不载，《新唐书·安禄山传》有记载："帐下李猪儿者，本降竖，幼事禄山谨甚，使为阉人，愈亲信。禄山腹大垂膝，每易衣，左右共举之，猪儿为

---

[1]《旧唐书》卷二〇〇上《安禄山传》，中华书局点校本，1975 年，第 5368 页。

结带。虽华清赐浴，亦许自随。"[1]安禄山势力过大，渐有异心。积谷屯兵，准备叛乱。

天宝十四载（755）十一月，安禄山以诛杨国忠为名，在范阳起兵叛乱，率军15万，号20万，挥军南下。时承平日久，军官贪腐，军纪涣散，"官发铠仗，皆穿朽钝折不可用"，[2]尚未交锋，闻风而败。十二月，唐失东都洛阳。时距安禄山起兵仅35天。唐玄宗带着杨贵妃等出逃，到马嵬驿（今陕西兴平西），将士鼓噪，要求杀死杨国忠，唐玄宗交出杨国忠，被杀；又要求交出杨贵妃，唐玄宗无奈，掩袖遮脸，杨贵妃被拖走。后来杨贵妃是被唐玄宗下令杀死，还是引绳自缢，还是被勒死，还是出家做了尼姑，还是出逃到了日本，由唐史学者去研究。叛军西行，破潼关，占长安。

唐玄宗逃蜀。时郭子仪任朔方节度使，拥立太子李亨在灵武（今宁夏灵武西南）登极，这就是唐肃宗（756—762年在位）。遥尊玄宗李隆基为太上皇。唐肃宗诏命发兵平乱。郭子仪等率步骑五万赴行在，时朝廷草昧，兵员不足，军器缺乏。唐肃宗拜郭子仪兵部尚书、同中书门下平章事，总节度。

第二年（756）正月初一日，安禄山僭号雄武皇帝，立国号大燕，建元圣武，以范阳（今北京）为东都。[3]子庆绪为晋王。由此，北京始称大都。在唐朝平叛诸将中，最为突出的大将是郭子仪与李光弼等。时安禄山与史思明合军猛扑，郭子仪见敌强己弱，就坚壁自固："贼来则守，贼去则追，昼扬其兵，夕袭

---

〔1〕《新唐书》卷二二五上《安禄山传》，第6420页。
〔2〕 同上书，第6411页。
〔3〕 姚汝能：《安禄山事迹》，上海古籍出版社，1983年，第31页。

其幕，贼人不及息。"〔1〕这应是唐朝官军的游击战术。随之，选择战机，发动反攻，郭子仪、李光弼等率军一战大败安史叛军——"斩首四万级，获人马万计"。〔2〕史思明溃败，狼狈逃窜，"（史）思明露发跣足奔于博陵"。〔3〕唐军大胜，声威大振。

阴在阳之对，祸在核心内。至德二年（757）正月初一，安禄山在洛阳举行朝会时，因其疮甚而中罢；又以疾患而愈加躁急，尝动用斧钺捶挞身边之人。他身边最亲近的严庄和李猪儿也被捶挞。于是，他们日夜设谋，要暗杀安禄山。先是，安禄山次子庆绪以善骑射受器重，但僭号后，嬖段夫人，爱其子庆恩，欲立之。庆绪惧不立，严庄私语庆绪曰："君闻大义灭亲乎？自古固有不得已而为者。"庆绪心怀怨恨，遂曰："唯唯。"严庄又语李猪儿曰："汝事上罪可数乎？不行大事，死无日！"于是，三人定谋，策划政变。是日夜，严庄、庆绪持兵扈门，李猪儿入安禄山帐下，以大刀斫其腹。禄山盲，扪佩刀不得，振幄柱呼曰："是家贼！"俄而肠溃于床，即死，年五十余，瘗包以毡艴，埋床下。因传疾甚，伪诏立庆绪为皇太子，又矫称禄山传位庆绪，乃伪尊太上皇。〔4〕

安禄山被其子安庆绪所杀后，唐军乘势发展。唐师结战阵，横亘三十里，叛军十万，两军对阵。回纥以奇兵出叛军阵后夹攻之，叛军大溃，斩首六万级。九月，郭子仪从元帅广平王率蕃、汉兵15万打败叛军。唐军进入长安。长安老幼百万，夹道欢叫，涕泣而言曰："不图今日复见官军。"唐肃宗闻报宗庙被

---

〔1〕《旧唐书》卷一二〇《郭子仪传》，第3450页。
〔2〕《新唐书》卷一三七《郭子仪传》，第4600页。
〔3〕 同上。
〔4〕《新唐书》卷二二五上《安禄山传》，第6421页。

焚后，史载："悲咽不自胜，臣僚无不感泣。"十二月，太上皇李隆基还长安。

同年冬，郭子仪等打败叛军，率军入东都洛阳。后安庆绪兵败，退守安阳。郭子仪围城，并决安阳水灌城。城中粮尽，"易口以食，米斗钱七万余，一鼠钱数千"。[1]

乾元二年（759），史思明杀安庆绪，回范阳（今北京）自称燕帝，并再度攻下洛阳。史思明纵兵掳掠，淫人妻女，洛阳诸郡，人相食。唐军再次攻占后的洛阳：

> 夫以东周之地，久陷贼中，宫室焚烧，十不存一。百曹荒废，曾无尺椽，中间畿内，不满千户。井邑榛荆，豺狼所噪，既乏军储，又鲜人力。东至郑、汴，达于徐方，北自覃怀，经于相土，人烟断绝，千里萧条。[2]

两年后，史思明被其子史朝义所杀。代宗宝应元年（762）十月，唐军打败史朝义。史朝义走投汴州，汴州伪将张献诚拒之，乃渡河北投幽州。宝应二年（763）春，史朝义死。朝义之死，史有两说：一说是，《旧唐书·史思明传附子朝义传》载："贼伪范阳节度李怀仙于莫州生擒之，送款来降，枭首至阙下。"[3]二说是，《新唐书·史思明传附子朝义传》载："自渔阳回止幽州，缢死医巫闾祠下。（李）怀仙斩其首传长安。"[4]安史之乱，终于平定。

---

〔1〕《新唐书》卷二二五上《安禄山附庆绪传》，第6423页。

〔2〕《旧唐书》卷一二○《郭子仪传》，第3457页。

〔3〕《旧唐书》卷二○○上《史思明传附子朝义传》，第5382页。

〔4〕《新唐书》卷一五○《史思明传附子朝义传》，第6434页。

从天宝十四载（755）安禄山起兵，到肃宗乾元二年（759）安庆绪被杀，凡三年；从史思明乾元二年（759）僭号，到史朝义宝应二年（763）亡，凡四年。安史之乱前后历时七年多。安史之乱的祸首为胡人，他们介于西北草原文化与东北森林文化之间，此乱攻陷大唐两京，大伤唐朝元气。这是唐朝由盛而衰的历史转折点。藩镇与诸侯同中央皇权之关系，有人概括为："藩镇权分则易制，诸侯强盛则难臣。"[1]安史之乱平定，此后历史震荡。有学者认为："整个欧亚东部世界的大变动，则始于安史之乱。"[2]安史之乱期间，大唐两京两度陷落，中央皇权极度衰微。这就打破了中央与地方、朝廷与军阀、族群之间、地方之间的平衡，出现藩镇割据、国土分治、民族纷起的局面。

契丹崛起，建立辽朝，是中央皇权衰落、北方民族兴起的一个历史信号。

二　契丹建辽

在中国北方，主要是两大族系、两种文化、两个区域，即西北蒙古族系与东北满洲族系、西北草原文化与东北森林文化、西北牧区与东北林区。事物是复杂的、多元的，还有其他族系、文化和区域，限于篇幅，本节对后者暂不做讨论。

东北森林文化与西北草原文化的大致分界线在大兴安岭。

---

〔1〕《元史》卷二〇八《外夷一》，中华书局点校本，1976年，第4616页。

〔2〕蔡伟杰：《从草原民族的历史重新认识中国》，见［日］杉山正明著，郭清华译：《疾驰的草原征服者：辽、西夏、金、元》，台北商务印书馆，2017年，第10页。

大兴安岭处于东北森林文化与西北草原文化的中间地带、交错地带、过渡地带、双栖地带。因此，这个地域的文化，兼具森林文化与草原文化的二元特色、双重特征。历史的复杂性和特殊性、传统性和变迁性的一个表象是，在古代大兴安岭地区，覆盖着桦树、枫树、椴树、红松、栎树等森林，狩猎是这里的远古居民重要的经济来源和生活方式。由于自然与人为的因素，树木逐渐减少，草原逐渐增多。在西北草原文化与东北森林文化之间，民族文化形态往往具有二元性或三元性的特征，就是兼具蒙古族系与满洲族系、草原文化与森林文化、牧区与林区的二元特点，还汲取中原文化营养，兼有汉族系农耕文化、农区的三元特点。契丹兴起于大兴安岭东麓西拉木伦河与老哈河流域。其西为西北草原文化，其东为东北森林文化。由这里孕育出来的大辽政权，兼具草原文化与森林文化的特点，成为森林帝国逐渐兴起的过渡阶段。

宋太祖赵匡胤结束五代十国分治局面，于建隆元年（960）建立宋朝，定都汴京（今开封市），实现局部统一。后因宋都南迁临安（今杭州市），因此史家将前者称作北宋，而将后者称作南宋。与北宋对峙的政权是契丹建立的辽朝。

契丹兴起，有个神话。《辽史》记载：很早以前，一个骑白马的男子，从老哈河而来，一个驾牛车的女子从西拉木伦河而来，两人在辽河相遇，结合后生下八个儿子，后来繁衍为契丹的八个部落。[1]现存《施甸长官司族谱》里有一幅描绘上面故事的图，图上绘山麓竖立八棵树，象征契丹八个部落。《辽史》追记这段历史说："契丹之先，曰奇首可汗，生八子。而后族属

---

〔1〕《辽史》卷三七《地理志一》，中华书局点校本，1974 年，第 445—446 页。

渐盛，分为八部，居松漠之间。"[1]

这段记载说明，契丹文化有三个特点：唐末五代时期，契丹活跃在大兴安岭东麓老哈河、西拉木伦河与西辽河之间的广阔地带；八棵树象征八个部落是森林文化的历史影子，白马是游牧和狩猎部落部民的显著特征，青牛则是受到中原农耕文化影响的印记。这个神话似在说明，契丹发展到耶律阿保机时代，已然不纯粹是草原游牧文化，而是兼具草原、森林、农耕三种文化的特色。从《辽史》相关记述，[2]可以看出契丹文化演进的脉络。

第一，契丹部自辽太祖耶律阿保机的第十世祖，即始祖奇首"徙潢河之滨"，开始了部落发展的新时代。其迁徙到了潢河，又称潢水，就是西拉木伦。西拉木伦河水发源于大兴安岭，东流汇辽河入海。辽河流域基本属于农耕文化，也兼具草原文化与森林文化的特色。因此，契丹族群迁入西拉木伦河流域之后，既与森林文化相连，又与农耕文化相接，从而加快了契丹社会文化统合与发展的进程。

第二，到辽太祖耶律阿保机的第八世祖雅里，"始立制度，置官属，刻木为契，穴地为牢"，这较其父祖先人的社会经济与文化状态，有明显的发展与进步，但较之中原的经济文化形态，其社会发展还比较落后。

第三，到辽太祖耶律阿保机的祖父匀德实时，"始教民稼穑，善畜牧，国以殷富"。匀德实以其对部落发展的贡献，被后世尊为玄祖。这条记载表明，契丹部落此时，"民稼穑"——会

---

[1]《辽史》卷三二《营卫志中》，第 378 页。
[2]《辽史》卷一《太祖纪上》、卷二《太祖纪下》，第 1—24 页。

耕作，"善畜牧"——会牧养；那么，其前的社会经济文化形态呢？狩猎、采集、捕鱼应是其重要的生产方式和生活方式。这是契丹部落森林文化的渔猎采集、草原文化的游牧畜养、农耕文化的田间种植三种文化的一次大融合。

第四，到辽太祖耶律阿保机的父亲撒剌的时，"仁民爱物，始置铁冶，教民鼓铸"，部民怀念和尊重他的功业，尊其为德祖。其弟"述澜，北征于厥、室韦，南略易、定、奚、霫，始兴板筑，置城邑，教民种桑麻，习织组，已有广土众民之志"[1]。此期的社会经济文化，又向前迈进了一大步。

第五，到辽太祖耶律阿保机时，完全开创出一个大局面，为辽朝奠定基业，被尊为太祖。《辽史·太祖纪》赞辽太祖耶律阿保机曰："遂建国，东征西讨，如折枯拉朽。东自海，西至于流沙，北绝大漠，信威万里，历年二百，岂一日之故哉！"

辽朝开创者辽太祖耶律阿保机，值唐末皇权式微藩镇割据、五代十国分治的时机，统合契丹诸部，形成强大合力，进兵中原，建立政权，与宋朝对峙。这是契丹第一次在北中国建立长期稳固的政权。

耶律阿保机（872—926），姓耶律，名阿保机，汉名亿。在位 11 年，后唐明宗天成元年（926）病逝，享年 55 岁。耶律阿保机统合契丹八部，称契丹大汗，创制文字，制定法律，发展生产，扩大势力，成为辽朝开国之君。辽朝由太祖耶律阿保机于神册元年（916）建国号大辽，于天祚帝保大五年（1125）为金所灭。共历九帝，210 年。

契丹建辽朝，有几个特点：

---

〔1〕《辽史》卷二《太祖纪下》"赞曰"，第 24 页。

第一，三元文化。契丹地处西北草原文化与东北森林文化之间，具有草原与森林、游牧与渔猎的双重经济文化特征，或者说具有游牧与渔猎的二元性经济文化形态。《辽史·食货志》记载：

> 契丹旧俗，其富以马，其强以兵。纵马于野，驰兵于民。有事而战，旷骑介夫，卯命辰集。马逐水草，人仰湩酪，挽强射生，以给日用，糗粮刍茭，道在是矣。以是制胜，所向无前。[1]

上述记载表明：马逐水草，人食马奶，应是草原文化。但是，《辽史·游幸表·序》又言：

> 朔漠以畜牧、射猎为业，犹汉人之劭农，生生之资，于是乎出。自辽有国，建立五京，置南北院，控制诸夏，而游田之习，尚因其旧。[2]

上述记载又表明：契丹既以游牧为生，又以渔猎为业。契丹映现出游牧与渔猎、草原与森林的二元文化特征。

在这里，汉族帝王也曾有"楚畋云梦，汉猎长杨"[3]的畋猎之举，但那是在不违农时的"巡狩"，并非其生产方式和生活方式。

---

〔1〕《辽史》卷五九《食货志上》，第 923 页。

〔2〕《辽史》卷六八《游幸表》，第 1037 页。

〔3〕《金史》卷一〇五《程寀传》，中华书局点校本，1975 年，第 2308 页。

辽太宗取得"燕云十六州"，进入中原后，加快与农耕文化、儒家传统统合，特别是其王公贵族，逐渐接受汉文化。如辽圣宗耶律隆绪，为景宗长子，12 岁继位，在位 49 年。他的汉文化修养很深："帝幼喜书翰，十岁能诗。既长，精射法，晓音律，好绘画。"[1]而后，辽兴宗耶律宗真也"善骑射，好儒术，通音律"。[2]辽行开科取士。程寀，燕析津（今北京）人，祖冀，有六男，"父子皆擢科第，士族号其家为'程一举'"。冀之孙寀，中进士甲科。[3]任熊祥，燕人，"登辽天庆进士第"。[4]

这些都表明，民族间文化的融合，是一个自然的过程；又表明辽朝文化具有草原文化、森林文化和农耕文化的三元性。

第二，建五京、四捺钵。辽设五京：上京临潢府，在今内蒙古巴林左旗林东镇菠萝城，城周二十七里；南京析津府，在今北京市西城区广安门外，周长二十七里；东京辽阳府，在今辽宁省辽阳市；中京大定府，在今内蒙古喀喇沁旗东南宁城境；西京大同府，在今山西省大同市。这是少数民族进入中原，建立半壁江山后，第一个设立五京的政权。辽不仅设立五京，而且设置四捺钵。捺钵，是契丹语，汉译是行宫。四捺钵的大体地点是：春捺钵在长春州鱼儿泺（泊），今吉林省大安市月亮泡；夏捺钵在永安山，今内蒙古乌珠穆沁旗东境；秋捺钵在庆州缚虎林，今内蒙古自治区巴林左旗西北白塔子西部诸山区；冬捺钵在广平淀，即今西拉木伦河与老哈河汇流处附近平原。

---

〔1〕《辽史》卷一〇《圣宗纪一》，第 107 页。
〔2〕《辽史》卷一八《兴宗纪一》，第 211 页。
〔3〕《金史》卷一〇五《程寀传》，第 2307 页。
〔4〕《金史》卷一〇五《任熊祥传》，第 2310 页。

四捺钵是游动的辽朝中枢机关所在地，也是辽朝皇权的中心所在地，这说明辽帝进入中原，在吸收中原农耕文化同时，既保留草原文化传统，也保留渔猎文化习俗。其渔猎文化形态，或捕鹅、或射鹿、或放鹰、或猎虎、或观渔、或捕鱼。《辽史》记载辽帝到南京（今北京）东南九十里、方圆数百里的延芳淀进行渔猎活动有 16 次。其中，史载：

> 春时鹅鹜所聚，夏秋多菱芡。国主春猎，卫士皆衣墨绿，各持连锤、鹰食、刺鹅锥，列水次，相去五七步。上风击鼓，惊鹅稍离水面。国主亲放海东青鹘擒之。鹅坠，恐鹘力不胜，在列者以佩锥刺鹅，急取其脑饲鹘。得头鹅者，例赏银绢。国主、皇族、群臣各有分地。户五千。[1]

辽帝不仅狩猎，而且捕鱼。《辽史》有 16 处辽主钩渔（钓鱼）的记载，列简表如下：

序号	皇帝	年代	记载	出处
1	太祖	九年十月戊申	钩鱼于鸭渌江	《辽史》卷一《太祖纪上》
2	太宗	天显九年正月癸酉	渔于土河	《辽史》卷三《太宗纪上》
3	太宗	天显十一年正月	钩鱼于土河	《辽史》卷三《太宗纪上》
4	太宗	会同二年十二月庚子	钩鱼于土河	《辽史》卷四《太宗纪下》
5	景宗	保宁七年十月	钩鱼于河	《辽史》卷八《景宗纪上》

---

[1]《辽史》卷四〇《地理志四》，第 496 页。

续表

序号	皇帝	年代	记载	出处
6	圣宗	统和五年三月癸亥朔	幸长春宫，赏花钓鱼	《辽史》卷一二《圣宗纪三》
7	圣宗	统和七年十二月甲寅	钓鱼于沈子泺	《辽史》卷一二《圣宗纪三》
8	圣宗	统和十四年正月己酉	渔于潞河	《辽史》卷一三《圣宗纪四》
9	圣宗	统和十五年十二月乙巳	钓鱼土河	《辽史》卷一三《圣宗纪四》
10	圣宗	统和二十七年正月	钓鱼土河，猎于瑞鹿原	《辽史》卷一四《圣宗纪五》
11	圣宗	开泰二年七月癸卯	钓鱼曲沟	《辽史》卷一五《圣宗纪六》
12	圣宗	太平三年正月丙寅朔	如纳水钓鱼	《辽史》卷一六《圣宗纪七》
13	道宗	清宁四年正月壬申朔	如鸭子河钓鱼	《辽史》卷二一《道宗纪一》
14	道宗	咸雍三年正月甲子	御安流殿钓鱼	《辽史》卷二二《道宗纪二》
15	天祚帝	乾统七年正月	钓鱼于鸭子河	《辽史》卷二七《天祚帝纪一》
16	天祚帝	天庆元年正月	钓鱼于鸭子河	《辽史》卷二七《天祚帝纪一》

此外，辽兴宗在位 25 年，《辽史·兴宗纪》中未见其钓鱼的记载，但在其崩后，"纵五坊鹰鹘，焚钓鱼之具"，[1]可证其生前嬉于渔猎，也是契丹渔猎文化的一个史影。

第三，立树祭天。"国之大事，在祀与戎。"[2]祭祀，是国家、部族之大事。祭祀之主神，同其赖以生存的生产方式和生活方式

---

〔1〕《辽史》卷二〇《兴宗纪三》，第 248 页。

〔2〕《左传》卷二三《成公十三年》，宋本十三经注疏本附校勘记本，中华书局影印本，1980 年。

有着历史与现实的关系。《辽史·礼志》载其祭山之仪云:

祭山仪:设天神、地祇位于木叶山,东乡;中立君树,前植群树,以像朝班;又偶植二树,以为神门。皇帝、皇后至,夷离毕具礼仪。牲用赭白马、玄牛、赤白羊,皆牡。仆臣曰"旗鼓拽剌",杀牲,体割,悬之君树。太巫以酒酹牲。礼官曰"敌烈麻都",奏"仪办"。皇帝服金文金冠,白绫袍,绛带,悬鱼,三山绛垂,饰犀玉刀错,络缝乌靴。皇后御绛帏,络缝红袍,悬玉佩,双结帕,络缝乌靴。皇帝、皇后御鞍马。群臣在南,命妇在北,服从各部旗帜之色以从。皇帝、皇后至君树前下马,升南坛御榻坐。群臣、命妇分班,以次入就位;合班,拜讫,复位。皇帝、皇后诣天神、地祇位,致奠;閤门使读祝讫,复位坐。北府宰相及惕隐以次致奠于君树,遍及群树。乐作。群臣、命妇退。皇帝率孟父、仲父、季父之族,三匝神门树;余族七匝。皇帝、皇后再拜,在位者皆再拜。上香,再拜如初。皇帝、皇后升坛,御龙文方茵坐。再声警,诣祭东所,群臣、命妇从,班列如初。巫衣白衣,惕隐以素巾拜而冠之。巫三致辞。每致辞,皇帝、皇后一拜,在位者皆一拜。皇帝、皇后各举酒二爵,肉二器,再奠。大臣、命妇右持酒,左持肉各一器,少后立,一奠。命惕隐东向掷之。皇帝、皇后六拜,在位者皆六拜。皇帝、皇后复位,坐。命中丞奉茶果,饼饵各二器,奠于天神、地祇位。执事郎君二十人持福酒、胙肉,诣皇帝、皇后前。太巫奠酹讫,皇帝、皇后再拜,在位者皆再拜。皇帝、皇后一拜,饮福,受胙,复位,坐。在位者以次饮。皇帝、皇后率群臣复班位,再拜。声跸，一拜。退。[1]

显然，祭祀中立君树，其前立群树，又植二树作为神门，宰牲，祭拜。这应是森林文化的遗俗遗风。

祭天，也同森林文化有关。在建大辽时，取"辽"字为朝代名，似有一解："辽"通"尞"。"尞"，《说文解字注》云："尞，柴祭天也。"段玉裁注云："示部祟下曰，烧柴尞祭天也。是祟、尞二篆为转注也。烧柴而祭谓之祟，亦谓之尞。"[2]"辽"又通"尞"，所以这里有"柴尞祭天"之意。因此，从契丹以"烧柴祭天"的"尞"为国名，说明耶律阿保机时代，契丹文化既具有草原性，也具有森林性。

第四，南北两制。《辽史》记载："太祖神册六年，诏正班爵。至于太宗，兼制中国，官分南、北，以国制治契丹，以汉制待汉人。国制简朴，汉制则沿名之风固存也。辽国官制，分北、南院。北面治宫帐、部族、属国之政，南面治汉人州县、租赋、军马之事。因俗而治，得其宜矣。"[3]

尽管辽朝实行南北分治，但即使在"北治"地域，也分城居住，并深受中原文化之影响。如东京辽阳府，契丹与汉人也是分城居住。东京宫城之外，谓之外城："外城谓之汉城，分南北市，中为看楼，晨集南市，夕集北市。"[4]

于此，《辽史》记载："辽起松漠，经营抚纳，竟有唐、晋帝王之器，典章文物施及潢海之区，作史者尚可以故俗语

---

[1]《辽史》卷四九《礼志一·祭山仪》，第 834 页。
[2]《说文解字注》，第 10 篇上，中华书局影印本，2013 年，第 485 页。
[3]《辽史》卷四五《百官志一》，第 685 页。
[4]《辽史》卷三八《地理志三》，第 456 页。

耶？"〔1〕

辽朝有一个兴盛衰亡的历史过程，也有文化之殇。

三 文化之殇

辽朝文化之殇，简作分析，举例如下。

其一，大辽之亡，亡于自朽。大辽之亡，不亡于天祚，而始于穆宗。穆宗耶律璟，为太宗耶律德光长子，世宗耶律阮被杀后，即皇帝位，时 20 岁，在位 19 年。辽穆宗是一个昏君、暴君、淫君、乱君。他荒于政事，酗酒无度，凶狠残暴，渔猎无厌。如"昼夜酣饮者九日""自立春饮至月终"；以虐杀为乐，如射杀、烧杀、肢解、砍手足、折腰颈、剁肉酱等；听信巫人长寿药方，以活人胆和药，日杀一人，曾杀数百人；其身边近侍也任意妄杀；最后，夜间被"近侍小哥、盥人花哥、庖人辛古等六人反，帝遇弑，年三十九"。〔2〕物必自腐，而后生蠹。大辽核心已腐，苍天亦难救矣。

其二，辽朝南进，后顾有忧。先是，辽太祖耶律阿保机四处征战，创立开国规模，奠下宏图大业；其子孙继承祖业，文化统合，不断推进，延续二百余年。但是，始终没有妥善处理其同女真部落的联盟关系。辽朝在武力吞并诸部时，虽有成就，亦有问题——主要表现在对女真部打击有余、征敛太过，而体恤不足、联盟不固。这就产生了腹背受敌、后顾有忧的两个问题。

---

〔1〕《辽史》卷三三《营卫志下》，第 383 页。
〔2〕《辽史》卷七《穆宗本纪》，第 87 页。

辽朝始终陷于前有大宋，后有女真，腹背受敌的局面。尽管辽宋订立"澶渊之盟"，双方基本处于和平状态，但辽朝与女真始终没有处理好关系。《金史》记载："辽每岁遣使市名鹰海东青于海上，道出境内，使者贪纵，征索无艺，公私厌苦之。"[1]辽朝与女真的矛盾与演化，不是愈来愈缓和，而是越来越激化。这成为辽朝执政的一个死结，最终女真取代契丹，大金取代大辽。

其三，辽朝之亡，亡于女真。辽朝的结局，既不是被大宋灭亡，也不是被西夏灭亡，而是被女真灭亡。本来，契丹与女真同属于阿尔泰语系，生活与习俗有共同之处，如果辽朝与女真结成联盟，不仅能够巩固其政权，而且可能联兵大举南下，灭亡宋朝，而建立统一全国的政权。然而，辽朝执政者没有结成契丹－女真联盟，反而使女真人"为契丹苦虐几二百年"，[2]结果，契丹辽朝被女真金朝所灭。这是辽朝的历史之殇，也是契丹的文化之痛。这个极其沉痛的历史教训，后被满洲开国君主所吸取。后来清朝太祖努尔哈赤、太宗皇太极、世祖顺治帝、圣祖康熙帝、世宗雍正帝、高宗乾隆帝，即所谓"三祖三宗"，始终抓住"满蒙联盟"这一主题，从而成为满洲入主中原且统治华夏达 268 年之久的一个法宝。

大辽覆亡之后，开启大金皇朝。

---

〔1〕《金史》卷二《太祖本纪》，第 23 页。

〔2〕宇文懋昭撰，崔文印校证：《大金国志校证》，中华书局，1986 年，第 43 页。

第七章

勃兴：女真建金

女真族首领完颜阿骨打，值辽朝衰败、北宋软弱、西夏偏远、蒙古沉寂，加之气候较寒、严重饥荒的历史时机，向辽朝宣战，取得宁江大捷和出河大捷；而后，于宋徽宗政和五年即金太祖收国元年（1115）称帝建国，国号大金。后迁都燕京，改名为中都（今北京），与南宋并立。金朝建立是森林文化演进史上一个划时代事件，标志着森林文化主导中华文化的半壁山河，共历十帝，[1]达百余年。

金朝的女真文化，一方面保留本民族森林文化的历史传统，

---

〔1〕 金朝十帝：（1）太祖完颜阿骨打（旻），在位9年，年号收国、天辅，终年56岁；（2）太宗完颜吴乞买（晟），在位13年，年号天会，终年61岁；（3）熙宗完颜合剌（亶），在位15年，年号天会、天眷、皇统，被完颜亮所杀，终年31岁；（4）海陵王完颜迪古乃（亮），在位13年，年号天德、贞元、正隆，被杀，终年40岁；（5）世宗完颜乌禄（雍），在位29年，年号大定，终年67岁；（6）章宗完颜麻达葛（璟），在位20年，年号明昌、承安、泰和，终年41岁；（7）卫绍王完颜兴胜（永济，原名允济），在位5年，年号大安、崇庆、至宁，被毒死，终年43岁；（8）宣宗完颜吾睹补（珣），在位11年，年号贞祐、兴定、元光，终年61岁；（9）哀宗完颜宁甲速（守绪，原名守礼），在位12年，年号正大、开兴、天兴，自缢死，终年37岁；（10）末帝完颜承麟，在位半日，国破身亡，终年不详。总共119年。

另一方面吸收和继承唐宋中原农耕文化内涵。金朝女真进入中原后，于管理体制，实行二元制：女真实行猛安谋克制，汉人则实行州县制。

一　大金建国

金朝的创建者是靺鞨的后人，姓完颜，名阿骨打，汉名旻，后被金尊为太祖。金先后灭辽朝和北宋，而成为与南宋对峙并立的皇朝。这是森林文化第一次孕育出拥有半壁河山的森林帝国。

其前，经过了漫长的历史演进过程。《金史·世纪》记载：

金之先，出靺鞨氏。靺鞨本号勿吉。勿吉，古肃慎地也。元魏时，勿吉有七部：曰粟末部、曰伯咄部、曰安车骨部、曰拂涅部、曰号室部、曰黑水部、曰白山部。隋称靺鞨，而七部并同。唐初，有黑水靺鞨、粟末靺鞨，其五部无闻。粟末靺鞨始附高丽，姓大氏。李勣破高丽，粟末靺鞨保东牟山。后为渤海，称王，传十余世。有文字、礼乐、官府、制度。有五京、十五府、六十二州。黑水靺鞨居肃慎地，东濒海，南接高丽，亦附于高丽。尝以兵十五万众助高丽拒唐太宗，败于安市。开元中，来朝，置黑水府，以部长为都督、刺史，置长史监之。赐都督姓李氏，名献诚，领黑水经略使。其后渤海盛强，黑水役属之，朝贡遂绝。五代时，契丹尽取渤海地，而黑水靺鞨附属于契丹。其在南者籍契丹，号熟女直；其在北者不在契丹籍，号生女直。生女直地有混同江、长白山，混同江亦号黑龙江，所谓"白山、黑水"是也。[1]

女真崛起　在辽代，黑水靺鞨演变为两大部分：在南部的隶属于契丹，称作熟女真；在北部的不隶属于契丹，称作生女真。[2]女真居住在森林地带，使用满－通古斯语，过着狩猎、捕鱼、采集、农耕的生活。长于骑射，勇敢善战。其生女真因距离辽朝政治中心上京比较遥远，且辽朝统治力量相对薄弱，这为生女真崛起创造了历史条件。这个有利的天时和地利，被金始祖函普加以利用。相传生女真到金之始祖函普时，附近诸部，互相战杀，讦斗不解，民受其害。函普对诸部的首领说："女直、渤海本同一家。"他又说：再早都为勿吉之七部。完颜部人跟函普说："若能为部人解此怨，使两族不相杀，部有贤女，年六十而未嫁，当以相配，仍为同部。"函普说："诺。"于是，函普亲自前往相互仇杀的部落进行调解。他说："杀一人而斗不解，损伤益多。曷若止诛首乱者一人，部内以物纳偿汝，可以无斗，而且获利焉。"怨家从之，乃为约曰："凡有杀伤人

---

[1]《金史》卷一《世纪》，中华书局点校本，1975年，第1—2页。

[2]　女真，辽兴宗名耶律宗真，为避其名"真"字之讳，而称作女直。在金代，随辽习，称女直。到明代，"女直"与"女真"混用。清朝则称"女真"，又称"诸申""诸理申"等。皇太极于天聪九年即明崇祯八年（1635）十月十三日，谕曰："我国原有满洲、哈达、乌喇、叶赫、辉发等名，向者无知之人，往往称为诸申。夫诸申之号，乃席北超墨尔根之裔，实与我国无涉。我国建号满洲，统绪绵远，相传奕世，自今以后，一切人等，止称我国满洲原名，不得仍前妄称。"从此，诸申、女真一律称作"满洲"。本书在引文中"女直"照引不改，但在特定语境中也用"女直"，而在一般行文中用"女真"。

者，征其家人口一、马十偶、牸[1]牛十、黄金六两，与所杀伤之家，即两解，不得私斗。"众曰："谨如约。"后来，女真之俗，杀人偿马牛三十匹头，自此开始。既备偿如约，部众信服之，谢以青牛一，并许归六十之妇。函普就以青牛为聘礼而纳之，并得其赀产。后生二男，长曰乌鲁、次曰斡鲁，一女曰注思板，因姓完颜氏，成为完颜部人。天会十四年（1136），金追谥始祖完颜函普为懿宪景元皇帝，庙号始祖。[2]

金始祖函普之后，金朝追封的还有德帝乌鲁、安帝拔海、献祖绥可、昭祖石鲁、景祖乌古逎、世祖劾里钵、肃宗颇剌叔、穆宗盈哥、康宗乌雅束，总共十位。到乌雅束之弟金太祖完颜阿骨打时，借助天时，借用地利，女真诸部，文化积累，部落聚合，潜力喷发，首领杰出，兵强马盛，汇聚成为巨大的军政力量，开创基业，建立金朝。

有关金太祖完颜阿骨打（1068—1123），《金史》记载其早年的一个故事：

十岁，好弓矢。甫成童，即善射。一日，辽使坐府中，顾见太祖手持弓矢，使射群乌，连三发皆中。辽使矍然曰："奇男子也！"太祖尝宴纥石烈部活离罕家，散步门外，南望高阜，使众射之，皆不能至。太祖一发过之，度所至逾三百二十步。宗室谩都诃最善射远，其不及者犹百步也。天德三年，立射碑以识焉。[3]

---

〔1〕牸，音zì，读若字，意为母牛。
〔2〕《金史》卷一《世纪》，第2—3页。
〔3〕《金史》卷二《太祖纪》，第19—20页。

这个故事说明：女真是一个善于骑射的民族，其文化形态，因地域与人文、自然与社会的因素，不同于中原农耕文化，不同于西北草原文化，不同于西部高原文化，而是属于东北森林文化。而完颜阿骨打是女真杰出的领袖。这在《金史》等有关文献中，得到充分证明。

其一，从历史来看，商周的肃慎，秦汉的挹娄，魏晋的勿吉，隋唐的靺鞨，辽金的女真，其地域同，族系同，语言同，风习同，宗教同，经济同，文化也同。历史文脉，延续相承，它们都属于森林文化形态。

其二，从经济来看，《金史·兵志》记载："金之初年，诸部之民，无它徭役，壮者皆兵，平居则以佃渔射猎习为劳事，有警则下令部内，及遣使诣诸孛堇征兵，凡步骑之仗糒皆取备焉。其部长曰孛堇，行兵则称曰猛安、谋克，从其多寡以为号，猛安者千夫长也，谋克者百夫长也。"[1]宋人也记载：女真诸部"缓则出猎，急则出战"。[2]这都说明金初女真以渔猎采集为主，也就是以森林为经济基础。

其三，从制度来看，到金世宗大定二十七年（1187），猛安谋克有"宗室户百七十，猛安二百二，谋克千八百七十八，户六十一万五千六百二十四"。[3]到金章宗泰和七年（1207）户口统计：七十二万八千七百二十六户，七百七十一万六千七十二口。时金国人口四千五百八十一万六千七十九，[4]猛安谋克人

---

〔1〕《金史》卷四四《兵志》，第992页。
〔2〕徐梦莘编：《三朝北盟会编》卷三，文渊阁《四库全书》本，台北故宫博物院藏，第5页。
〔3〕《金史》卷四四《兵志》，第996页。
〔4〕《金史》卷四六《食货志一》，第1034页。

口占金国人口总数约 16.84%。他们被安置于内地，"括民地而为之业，户颁牛而使之耕，畜甲兵而为之备，乃大重其权，授诸王以猛安之号，或新置者特赐之名。"[1]这就出现一个新的社会阶层，其基本社会组织为猛安谋克制，这既是女真兴起建金的一大根因，也埋下金朝覆亡的一大根源。

其四，从文化来看：仿照中原礼法，"刑以治已然，法以禁未然"[2]，严正立法，严肃执法，刑法并举，以德化人。时女真文翻译"五经"成，世宗曰："朕所以令译'五经'者，正欲女直人知仁义道德所在耳！"[3]世宗大定七年（1167），"是岁，断死囚二十人"。[4]金国人口四千余万，大定年间，民俗民风，社会治安，朗然可见。

其五，从语言文字来看，女真贵族中，不乏有文化者。函普后裔胡十门，"善汉语，通契丹大小字，勇而善战"。[5]完颜勖（乌野）受太宗命前往汴京慰问俘获宋二帝的金军，问其所欲，答曰："惟好书耳。"遂载数车书籍而回，[6]并著有《女直郡望姓氏谱》和《射虎赋》等。其子宗秀，"涉猎经史，通契丹大小字，善骑射。"[7]布辉，"识女直、契丹、汉字，善骑射。"[8]宗室斡者之孙璋（胡麻愈），不仅"多勇略"，而且"通

〔1〕《金史》卷四四《兵志》，第 996 页。

〔2〕《金史》卷四五《刑志》，第 1013 页。

〔3〕《金史》卷八《世宗纪》，第 184—185 页。

〔4〕《金史》卷四五《刑志》，第 1016 页。

〔5〕《金史》卷六六《胡十门传》，第 1561 页。

〔6〕《金史》卷六六《完颜勖传》，第 1557 页。

〔7〕《金史》卷六六《完颜宗秀传》，第 1560 页。

〔8〕《金史》卷六六《合住传附子布辉》，第 1562 页。

女直、契丹、汉字"[1]。女真文化，有了提升。

总之，太祖既定燕，遂建立大金。

建立大金 金朝森林帝国的基础，是金太祖、金太宗两代所奠定的。

金太祖完颜阿骨打，抓住辽末天灾频仍、民不聊生、政治腐败、社会危机的时势，在先祖积累的部族实力的基础上，向辽发起进攻，经过十年征战，终于取得胜利。其中宁江之战和出河店之战，大获全胜，意义重大。

宁江之战。宁江州，今吉林省松原市石头城子。辽天庆四年（1114）九月，时生女真地域"岁不登，民多流莩，强者转而为盗"。[2]辽官不加抚恤，反而横征暴敛，滥杀无辜。完颜阿骨打借势，率女真军向辽朝宁江州边军发起攻击。两军相差悬殊——"辽兵多，不知其数"；女真军寡，约二千五百人。战前，阿骨打先申告天地："世事辽国，恪修职贡，定乌春、窝谋罕之乱，破萧海里之众，有功不省，而侵侮是加。罪人阿疏，屡请不遣。今将问罪于辽，天地其鉴佑之。"[3]进行政治与思想鼓动。他以"我必先发制之，无为人制"[4]的军事主动精神，部署宁江之战；他身先士卒，鼓勇前进，攻克宁江州城，取得大胜。战后，完颜阿骨打以女真围猎组织形式为借鉴，加以提升，进行整编："初命诸路以三百户为谋克，十谋克为猛安。"[5]这就奠定了女真社会军政制度的基础，也为后世清太祖努尔哈赤

---

〔1〕《金史》卷六五《斡者孙璋传》，第1548页。

〔2〕《金史》卷二《太祖纪》，第22页。

〔3〕 同上书，第24页。

〔4〕 同上书，第23页。

〔5〕 同上书，第25页。

创建八旗制度提供了历史经验。

出河之战，又称出河店之战。宁江获捷后，同年十一月，辽军集十万军队向女真军反扑。两军会于鸭子河畔出河店（今黑龙江肇源境）地方，完颜阿骨打甲士三千余人，两军兵力，相差悬殊。阿骨打乘敌不备，率先发兵，天刚破晓，鸣鼓举燧，履冰渡河，一举突出，乘其不备，斩杀其首，辽军大乱，自相践踏，全军溃败。女真军队经"出河之战，兵始满万，而辽莫敌矣"。[1]这应了"女直兵若满万则不可敌"[2]的民谚。转年伊始，金国建立。

辽天庆五年即宋政和五年（1115）正月初一日，在上京会宁府（今黑龙江省哈尔滨市阿城区），完颜阿骨打登上帝位，国号大金，建元收国。[3]完颜阿骨打故去后，被尊为金太祖。其弟完颜晟继立，是为金太宗。金天会三年（1125），灭辽；金天会五年（1127），灭北宋，俘徽、钦二帝。以此为标志，女真又迈出了通向森林帝国的关键一步。

金开国后，一统女真诸部，灭辽举宋，规定礼制，《金史·太宗纪》评其"经国规模，至是始定"。[4]《尚书·益稷》云："元首明哉！股肱良哉！庶事康哉！"[5]就是说，一个伟大事业的成功，最重要的应具备两个条件：一是首领英明，二是

---

〔1〕《金史》卷四四《兵志》，第 992—993 页。

〔2〕《金史》卷二《太祖纪》，第 25 页。

〔3〕《金史》卷二《太祖纪》记载："上曰：'辽以宾铁为号，取其坚也。宾铁虽坚，终亦变坏，惟金不变不坏。金之色白，完颜部色尚白。'于是国号大金，改元收国。"

〔4〕《金史》卷三《太宗纪》，第 66 页。

〔5〕《尚书·益稷》，宋十三经注疏本附校勘记本，中华书局影印本，1980 年。

辅臣优良。金太祖、太宗奠定大金规模的历史再次证明《尚书》上述论断的恒久价值。

历史发展，经常曲折。而后，熙宗"酗酒妄杀、人怀危惧"，海陵"屠灭宗族、翦刈忠良"，前后两朝，28年。

再后，世宗、章宗，长达48年，修礼乐，正刑法，兴学校，行科举，定官制，安民生，大金发展，臻于高峰。而金朝政权，盛极转衰矣！

最后，卫绍王、宣宗、哀宗、末帝四君，三帝不得其死，只有27年。

金朝四方面临严峻形势：东为高丽，南为大宋，西为西夏，北为蒙古。最后，金亡元兴，蒙古草原文化登上中国历史的政治舞台。

金朝在上升时期，从上京迁都燕京。

二　迁都燕京

金政权的建立和发展反映了多元文化统合进一步广泛、加深。随着女真向南扩张的深入，文化统合问题愈发尖锐，迫使完颜亮断然采取新的文化融合措施。其中，关键的一着，是迁都燕京。

女真迁都燕京（今北京），是来自森林文化的族群，第一次把政治中心迁离森林文化的核心区域，成为女真文化史上、也是森林文化史上的一座里程碑。先是，女真先人唐朝粟末靺鞨建立渤海政权，其政治中心在上京龙泉府，并没有离开森林文化的中心地域；女真建立的金朝，其政治中心则从上京会宁府（今黑龙江省哈尔滨市阿城区），迁入中原，定都燕京，并改名为中都。

金迁都中都，加速了东北森林文化与中原农耕文化的融合。

其一，以燕京为国都，在原辽南京城垣宫殿基址上，参照唐宋京城规制，兴建宫殿、城池、祖社、坛庙、衙署、官邸、园囿。

其二，在大房山兴建山陵，奉迁太祖、太宗梓宫，后并葬始祖以下十帝之陵于大房山。

其三，"命会宁府毁旧宫殿、诸大族第宅及储庆寺，仍夷其址而耕种之"。[1]这既为了防止旧贵族内叛，更为了同农耕文化聚合。

其四，皇太子生日，皇后献"田家稼穑图"[2]，为其居深宫而知稼穑之艰难，农耕文化影响到后宫。

其五，从各地大量迁移猛安谋克户到中原安置，总人数达到七百余万，是中华文明史上一次民族大迁徙。后元兴金亡，其大部人口留在中原，而形成一次文化大融合。

金制多京，始于渤海、延及辽朝。在中国古代历史上，渤海、契丹、金等都设立五京，这与其狩猎、或游牧、或牧猎文化有着密切的关系。这种游动的习俗，反映在都城体制上，就是多京制。

金仿渤海和辽制，又有增益，设立六京：

中都，金贞元元年（1153）定都燕京。海陵王"以燕乃列国之名，不当为京师号，遂改为中都"[3]，意思是天下之中的都城。其所在的大兴府，辽会同元年（938）升为南京，府名幽都。开泰元年（1012）更为析津府。金贞元元年更为永安府，贞元二年（1154）又更为大兴府。[4]

---

〔1〕《金史》卷五《海陵王纪》，第108页。

〔2〕 同上书，第97页。

〔3〕《金史》卷二四《地理志上》，第572页。

〔4〕 同上，第584页，注52。

上京，在今黑龙江省哈尔滨市阿城区，为金源之地，所在地为会宁府。熙宗天眷元年（1138）号为上京。上京建有宫殿、城垣、祖庙、衙署等。海陵王于贞元元年（1153）迁都中都后，正隆二年（1157）十月，命将上京会宁府旧宫殿、衙署、府邸等夷为平地，成为农田，耕种庄稼，农耕文化影响金的本源之地。金世宗大定十三年（1173）复称上京。

东京，在今辽宁省辽阳市。原渤海故城。金建新宫、宗庙。为东部军政中心。

北京，在大定府，今内蒙古赤峰市宁城县境，金初因循辽中京，海陵王贞元元年更为北京。

西京，在大同府（今山西省大同市），建宫殿、城垣、太祖庙。

南京，金初称汴京，在开封府，海陵王贞元元年更号南京。金右丞相仆散端等三表言迁都事，金宣宗贞祐二年（1214）五月，决意南迁，诏告国内。太学生赵昉等四百人上书，论其利害。同年七月，金宣宗迁都南京。"南迁之后，国蹙民困，军旅不息，供亿无度"。[1] 河南之民，不胜其扰，相继逃去，"所存者曾无十一"。砀山一带，"野无居民矣"[2]。总之，金南迁后，南京内无居民，外临强敌，成为一座孤城。因此，金宣宗迁都南京，历史作出结论："宣宗既迁，则中都必不能守，中都不守，则土崩之势决矣！"[3]

金朝迁都中都，带来双重结果，正面结果是：燕京成为文

---

〔1〕《金史》卷四八《食货志三》，第 1085 页。

〔2〕《金史》卷四六《食货志一》，第 1037 页。

〔3〕《金史》卷一〇一《仆散端传》"赞曰"，第 2239 页。

化融合的中心，学习宋朝的礼制、祭祀制度，创制文字并翻译汉文典籍，设置国子监等，都是在燕京进行的；反面结果是：猛安谋克"从龙入关"，身处农耕文化的包围之中，既脱离了森林文化的经济基础，又拒不与农耕文化交流融合，终于沦为国家负担，加速了金朝的灭亡。

金朝始终是在半壁河山的状态下，形成的一种政治生态。

三　半壁山河

金灭北宋后，又与南宋"取淮之中流为界，而与宋为表里"。[1]金坚持"一寸山河一寸金"。[2]金朝的疆域，北达贝加尔湖、外兴安岭一线，东北到黑龙江入海口、库页岛、鄂霍次克海，东临大海，南到淮河、秦岭一线，西至今甘肃地带，总面积500多万平方公里。大金占有女真、蒙古（东部）、汉族（华北），人口达5353万。

金朝的森林文化，具有如下特点：

第一，同中原农耕文化统合。森林文化进入中原，同中原农耕文化全面统合。

一如学习唐宋礼制。世宗朝，"命官参校唐、宋故典沿革"，成立"详定所"，编修《金纂修杂录》，[3]全面借鉴唐宋礼法。《金史·礼志》纂修者认为，"是时，宇内阜安，民物小康，而维持几百年者实此乎基"。即金源文化与中原文化的融合是其百

---

〔1〕《金史》卷二四《地理志上》，第549页。

〔2〕《金史》卷七五《左企弓传》，第1724页。

〔3〕《金史》卷二八《礼志一》，第691—692页。

年基业之基本。如祭祀，天、地、日、月四坛。祭前斋戒，采用唐制。在先前，"金初无祖庙"。[1]天辅间，京师设太庙，诸京立祖庙。大定七年（1167），在中都立社稷坛，祭祀土地和五谷之神，表明农耕文化已经列为国祀之大典。同时，保留女真拜天旧俗。以重五、中元、重九行拜天之礼。[2]而后行射柳之礼。祭祀时奏宋之雅乐、女真词的女真乐曲。[3]设立文庙，尊孔读经。天眷三年（1140），立孔子四十九代孙孔璠为衍圣公。[4]翌年，金熙宗谒奠孔子庙，北面再拜，并说："朕幼年游侠，不知志学，岁月逾迈，深以为悔。孔子虽无位，其道可尊，使万世景仰。大凡为善，不可不勉。自是颇读《尚书》《论语》及五代、辽史诸书，或以夜继焉。"[5]

二如创制女真文字。女真初无文字，渤海兴时始有文字，其亡后文字失传。金国势日强，与邻国交好，便用契丹字。金太祖命完颜希尹撰女真字。希尹乃依仿汉人楷字，因契丹字制度，合女真语，制女真字。天辅三年（1119）八月，字书成，命颁行之。其后熙宗亦制女真字，与希尹所制字俱行用。希尹所撰谓之女真大字，熙宗所撰谓之女真小字。[6]

女真字的特点是：

---

〔1〕《金史》卷三〇《礼志三》，第 727 页。

〔2〕《金史·礼志八》记载："其制，刳木为盘，如舟状，赤为质，画云鹤文。为架高五六尺，置盘其上，荐食物其中，聚宗族拜之。"与满洲立杆承斗祭天祭神有相通相似之处。

〔3〕《金史》卷三九《乐志上》，第 882 页。

〔4〕《金史》卷一〇五《孔璠传》，第 2311 页。

〔5〕《金史》卷四《熙宗纪》，第 77 页。

〔6〕《金史》卷七三《完颜希尹传》，第 1684 页。

女真字是仿照汉字、契丹大字、契丹小字而创制的一种独特的文字。有些女真字采用了汉字的字义和字形，其读音则是女真语的；有些女真字对汉字笔画做了增减改动，其读音也是女真语的。所以，女真字是一种表音与表意相结合的方块字；但也有学者认为，女真大字是方块字，而女真小字是拼音字。所以，女真字与蒙古拼音文字有所不同。[1]

完颜希尹是金史上有大功之人，却被熙宗冤杀。这同后来满洲额尔德尼、噶盖创制满文而被努尔哈赤处死有相似之境遇。

三如翻译汉文典籍。女真字颁行后，大定四年（1164），金世宗"诏以女直字译书籍"，[2] 如"五经"中《尚书》《易经》《春秋》大定时已译成女真文，《诗》和《礼》也在翻译中。时东平刘天骥，七岁能诵《诗》《易》《礼》《左传》《论语》《孟子》，说明其时文气之盛。

四如开科取士。大定十一年（1171）创设女真进士科，[3] "用女直文字以为程文"，[4] 徒单镒等二十七人登第。金世宗说："不设此科，安得此人。"[5] 并在中都设女真国子学，诸路设女真府学。到大定二十三年（1183）九月，译《易》《书》《论语》《孟子》《老子》《扬子》《文中子》《刘子》及《新唐

---

〔1〕 阎崇年：《清朝开国史》上卷，中华书局，2014年，第187页。

〔2〕《金史》卷九九《徒单镒传》，第2185页。

〔3〕《金史》卷五一《选举志一》，第1131页。

〔4〕 同上书，第1130页。

〔5〕《金史》卷九九《徒单镒传》，第2185页。

书》〔1〕成，命颁行之。金世宗说："朕所以令译'五经'者，正欲女直人知仁义道德所在耳！"〔2〕而所译《史记》《汉书》和《贞观政要》等书，也逐渐问世。女真官员文士，融合多元文化。如温迪罕缔达〔3〕，研习经史，以女真字出身，累官到国史院编修官。而后学者渐盛，转习经史，故纳合椿年、纥石烈良弼皆由是致位宰相。

五如科举任用汉官。金的进士科目，"兼采唐、宋之法而增损之"。〔4〕如张用直，临潢人，海陵王与其兄充皆从之学。天眷二年（1139），赐进士及第。海陵王即位后，尝谓用直曰："朕虽不能博通经史，亦粗有所闻，皆卿平昔辅导之力。太子方就学，宜善导之。朕父子并受卿学，亦儒者之荣也。"〔5〕

六如海陵王天德三年（1151）正月，"初置国子监"。〔6〕成为养士重地。国学生多时达四百人，但以皇室、宗亲、贵戚、功臣、高官等子弟为主。内容有辞赋、经义、策论等。又设女直国子学，以猛安谋克等子弟为学生，诸路达三千人。以"六经""十七史"、《孝经》《论语》《孟子》及《荀子》《扬子》《老子》为主出题。进士以汉人、女真为多。会试三年一次，多时九千人赴试，中试者章宗承安二年（1197）达925人，有"人数过多，则涉泛滥"〔7〕之讥评。

---

〔1〕《金史》卷八《世宗纪》，第184页。

〔2〕同上书，第184—185页。

〔3〕《金史》卷一〇五《温迪罕缔达传》，第2321页。

〔4〕《金史》卷五一《选举志一》，第1130页。

〔5〕《金史》卷一〇五《张用直传》，第2314页。

〔6〕《金史》卷五《海陵王纪》，第96页。

〔7〕《金史》卷五一《选举志一》，第1138页。

七如进士出身官员，占有很大比重。《金史·循吏列传》入传21人，其中进士15人，进士占其总人数的71.4%，而《金史·佞幸列传》入传者7人，无一人为进士。这从一个侧面说明，女真吸收汉文化对于官员素养提升之重大作用。

八如全面文化融合。金司天台学生，"女直二十六人，汉人五十人"[1]，以及其他等。

但是，也学了宋代社会的"苍蝇蚊子"。如军官数多，动相牵制，"十羊九牧，号令不一"[2]，成为金朝吏治的一大痼疾。

第二，多元经济发展。先是，女真在关外时期，虽以狩猎、采集等经济为主导，但在江河平原地区，也发展农耕经济。金入主中原地区后，接受农耕文化的历史与现实，采取许多措施，实行经济融合。如设立司农司、劝农使司，从国家层面重视农业；将大量猛安谋克户，分到农业地区，授土地、赐耕牛，力图改变其旧有的生产和生活方式；收取农业赋税，祭祀土地和五谷之神；重视农田水利，运河堙塞，责令疏浚。尚书省奏当用夫役数万人。世宗曰："方春耕作，不可劳民。以宫籍监户及摘东宫、诸王人从充役，若不足即以五百里内军夫补之。"[3]但是，女真部民两千年来的传统生产和生活方式，影响深广，旧习长在。这突出表现在牧猎文化经常冲击农耕文化。如海陵王欲使淮河平原变成猎场，"淮右多隙地，欲校猎其间，从兵不逾万人"。[4]军用骡马应供刍粟，海陵王曰："今禾稼满野，骡

---

〔1〕《金史》卷五一《选举志一》，第1152页。

〔2〕《金史》卷一〇九《陈规传》，第2408页。

〔3〕《金史》卷九二《曹望之传》，第2036页。

〔4〕《金史》卷一二九《李通传》，第2784页。

马可就牧田中，借令再岁不获，亦何伤乎！"〔1〕还调马 56 万余匹，分摊到农户，令农家饲养。这显然在破坏农耕经济，损害农民利益，激化官民矛盾。同期，钱币贬值，金融恶化。"今千钱之券仅直数钱"。〔2〕"初，通宝四贯为银一两，今八百余贯矣"。即到贞祐五年（1217），〔3〕银贬值了二百多倍。〔4〕钱不够，行宝券，愈改愈乱，民心尽失，竟至"今千钱之券，仅值数钱"。〔5〕经济基础摇动，加速了金朝灭亡。

第三，为后世提供借鉴。《金史·世宗纪》载：

世宗之立，虽由劝进，然天命人心之所归，虽古圣贤之君，亦不能辞也。盖自太祖以来，海内用兵，宁岁无几。重以海陵无道，赋役繁兴，盗贼满野，兵甲并起，万姓盼盼，国内骚然，老无留养之丁，幼无顾复之爱，颠危愁困，待尽朝夕。世宗久典外郡，明祸乱之故，知吏治之得失。即位五载，而南北讲好，与民休息。于是躬节俭，崇孝弟，信赏罚，重农桑，慎守令之选，严廉察之责，却任得敬分国之请，拒赵位宠郡县之献，孳孳为治，夜以继日，可谓得为君之道矣！当此之时，群臣守职，上下相安，家给人足，仓廪有余，刑部岁断死罪，或十七人，或二十人，号称"小尧舜"，此其效验也。然举贤之急，求言之切，不绝于训辞，

〔1〕《金史》卷一二九《李通传》，第 2785 页。
〔2〕《金史》卷四八《食货志三》，第 1086 页。
〔3〕同年改元兴定。
〔4〕《金史》卷四八《食货志三》，第 1089 页。
〔5〕同上书，第 1086 页。

而群臣偷安苟禄，不能将顺其美，以底大顺，惜哉！〔1〕

　　然而，历史教训，后世健忘，前车覆辙，后车重蹈。何以见得？金亡为证。

四　金亡之鉴

　　金朝迁都南京之日，就是面临覆亡之时。贞祐二年（1214）五月，金宣宗即位第二年，力排众议，决定南迁。皇亲国戚，黎民百姓，背乡离井，大量迁徙。迁都之后，河北残破，民生凋敝。翌年五月，中都被蒙古军攻破。西夏犯临洮，蒙古攻渑池，宋军围泗州，红袄扰山东，飞蝗过京师，金朝陷内讧。哀宗继位之后，《金史》记载了一个故事："有男子服麻衣，望承天门且笑且哭。诘之，则曰：'吾笑，笑将相无人；吾哭，哭金国将亡。'"〔2〕大金皇朝，气数已尽！哀宗开兴元年（1232），元军与金军对峙于均州之三峰山。金军尚有纠军〔3〕、忠义军及诸军三十余万，但金军"师老食尽，不击自归"。〔4〕金哀宗叹道："南渡二十年，所在之民，破田宅，鬻妻子，竭肝脑以养军。今兵至不能逆战，止以自护，京城纵存，何以为国？"〔5〕

---

〔1〕《金史》卷八《世宗纪》"赞曰"，第203—204页。
〔2〕《金史》卷一七《哀宗纪》，第374页。
〔3〕 纠，音 diū，读如丢；又音 jiū，读如纠。《中文大辞典》解：辽金时守卫宫殿之军队，间亦参与征战。
〔4〕《金史》卷一一三《赤盏合喜传》，第2494页。
〔5〕《金史》卷一七《哀宗纪》，第384页；又见卷一一三《赤盏合喜传》，第2494页。

三峰山之战，金军遂溃，声如崩山。金军官兵，无一得逃。[1]京城，既人相食，又大瘟疫——"汴京大疫，凡五十日，诸门出死者九十余万人"。[2]后来，元末[3]、明末[4]、清末[5]，京师都发生或面临大瘟疫，何其相似乃尔！

金朝灭亡，其因固多，仅择四点，加以分析。

第一，失去初心，贪图安逸。金初明君，严己清简。金世宗曾说："朕常日御膳亦从俭省，尝有一公主至，而无余膳可与。"[6]贵族、官员也有清廉者。宗室宗贤（阿鲁），政宽简，境内大治。秩满，士民数百人相率诣朝廷请留。及改武定军，百姓扶老携幼送数十里，悲号而去。秉德廉访官吏，士民持盆水与镜，前拜言曰："使君廉明清直类此，民实赖之。"[7]

后来金主，奢华无度。清太宗皇太极很重视吸取历史经验。

〔1〕《金史》卷一一二《移剌蒲阿传》，第2474页。

〔2〕《金史》卷一七《哀宗纪》，第387页。

〔3〕《元史·朴不花传》记载，元至正十八年（1358），"京师大饥疫"。《元史·后妃传》记载：顺帝皇后奇氏出赀命官"葬死者遗骸十余万"。《元史·朴不花传》也记载，仅宦官朴不花请示朝廷批准，允许买地埋葬饥疫死者尸体，"前后瘗者二十万"。上述两个数字可能张饰，但说明死亡人数，相当庞大，令人震惊。

〔4〕明崇祯十六年（1643），京师大瘟疫，疫情极严重。夏燮《明通鉴》记载："京师大疫，死者无算。"《明崇祯实录》也记载："京师大疫，死亡日以万计。"这是形容数字，并不一定准确。但上述官方记载说明：当时大瘟疫，势态极严重。死亡人数过多，竟然无人收尸——"有阖家丧亡，竟无收殓者"。

〔5〕清宣统三年（1911）冬到来年（1912）春，《宣统政纪》记载：东北"鼠疫盛行，渐及关内"。京师官民，恐慌万状。为防传染，车辆停运，贡品也停。"东三省一切折奏，暂着改为电奏。"岌危局势，雪上加霜。

〔6〕《金史》卷八《世宗纪》，第192页。

〔7〕《金史》卷六六《宗贤传》，第1566页。

皇太极命巴克什达海等翻译《金史》，以便从中吸收历史经验和沉痛教训。崇德元年即崇祯九年（1636）十一月十三日，皇太极御盛京凤凰楼，召集亲王、郡王、贝勒、固山额真、都察院官等诸王大臣，命内弘文院大臣朗读《金史·世宗纪》。然后他说：

> 尔等审听之：世宗者，蒙古、汉人诸国声名显著之贤君也。故当时后世，咸称为"小尧舜"。朕披览此书，悉其梗概，殊觉心往神驰，耳目倍加明快，不胜叹赏。朕思金太祖、太宗，法度详明，可垂久远。至熙宗合喇，及完颜亮之世，尽废之。耽于酒色，盘乐无度，效汉人之陋习。世宗即位，奋图法祖，勤求治理，惟恐子孙，仍效汉俗，预为禁约。屡以无忘祖宗为训，衣服语言，悉遵旧制。时时练习骑射，以备武功。虽垂训如此，后世之君，渐至懈废，忘其骑射。至于哀宗，社稷倾危，国遂灭亡。乃知凡为君者，耽于酒色，未有不亡者也。先时儒臣巴克什达海、库尔缠，屡劝朕改满洲衣冠，效汉人服饰制度，朕不从，辄以为朕不纳谏。朕试设为比喻，如我等于此聚集，宽衣大袖，左佩矢，右挟弓，忽遇硕翁科罗巴图鲁劳萨，挺身突入，我等能御之乎？若废骑射，宽衣大袖，待他人割肉而后食，与尚左手之人，何以异耶！朕发此言，实为子孙万世之计也。在朕身岂有变更之理？恐日后子孙，忘旧制，废骑射，以效汉俗，故常切此虑耳！我国士卒，初有几何？因娴于骑射，所以野战则克，攻城则取，天下人称我兵曰："立则不动摇，进则不回顾，威名震慑，莫与争锋。"此番往征燕京出边，我之军威，竟为尔八大臣所累矣！故谕尔等，其

谨识朕言。[1]

皇太极谆谆告诫诸王大臣，要保留、传承满洲森林文化的骑射之所长，而不要"耽于酒色，盘乐无度，效汉人之陋习"。如章宗时，"李英为帅，临阵之际，酒犹未醒，是以取败。"[2]

第二，政策失误，变友为敌。金朝建立政权，进入中原之后，如何处理东同高丽、南同大宋、西同西夏、北同蒙古的关系，成为其进退、得失、胜败、兴亡的一大关键。金太祖、太宗的经验是，统而合之，分而胜之；但其后人忘却祖训，以三个拳头，分三面出击。特别是处理同蒙古、宋朝的关系。金朝夹在蒙古与南宋之间，没有处理好同蒙古的关系，当其南进时，有后顾之忧，止于淮河、秦岭一线，而没有继续南进，天下未能一统，只有半壁河山；当其衰落时，受到蒙古与南宋两面夹击，而没有守住江山，被蒙古军破灭。

《元史》有一段记载：金章宗完颜璟崩，卫绍王完颜永济继位，派使臣到蒙古见成吉思汗。成吉思汗问金使："新君为谁？"金使回答："卫王也。"成吉思汗遂南面唾曰："我谓中原皇帝是天上人做，此等庸懦亦为之耶？何以拜为！"成吉思汗即乘马北去。金使归还奏报，卫绍王永济益怒，欲候成吉思汗再入贡时，就进场害之。成吉思汗知之，蒙古遂与金绝。[3]

前者，物先自腐，然后生蠹。一个国家，一个民族，一支军队，一个猛安，都是先由内部自腐，变统为分，最终垮台。

---

[1]《清太宗文皇帝实录》卷三二，崇德元年十一月癸丑，中华书局影印本，1985年。
[2]《金史》卷一〇八《侯挚传》，2385页。
[3]《元史》卷一《太祖纪》，中华书局点校本，1976年，第15页。

可以说，都是自己打败自己，唐、宋、辽、金、元、明、清，都是如此，无一例外。

后者，化敌为友者胜，变友为敌者败。齐桓公不计带钩之仇任用管仲，国兴；唐玄宗骄纵安禄山而京破妃亡，国衰。历史的经验，值得注意：只顾于此，而失于彼。特别是，金朝没有处理好同蒙古的关系，而被蒙古成吉思汗及其子孙们所推翻。历史的辩证法是多么地深刻，又是多么地严酷！

第三，权力任性，作茧自缚。海陵王弑熙宗篡位后，忌太宗有子十四人，势力太强，借故杀"太宗子孙死者七十余人，太宗后遂绝"[1]。又忌开国功臣斜也子孙强盛，杀斜也子孙百余人。[2]并杀宗翰子孙三十余人、诸宗室五十余人。由开国初"将勇而志一，兵精而力齐"，变成皇室内讧，自相残杀。

皇太极曾总结历史经验说："自古以来，或兴或废，何代无之，焉可枚举？如大辽天祚无故欲害金太祖而兵起，大金章宗无故欲害元太祖而兵起。"[3]最后又以兵覆国。所以，《金史》评曰："金以兵得国，亦以兵失国。"[4]

第四，旧制造邦，不可长久。先是，金太祖建国前一年，取得宁江大捷后，初行猛安谋克制："初命诸路以三百户为谋克，十谋克为猛安。"[5]后来演变成金朝一项基本军政社会制度。猛安谋克是金朝社会的文化基础。金代猛安谋克是一种父子相承的世

〔1〕《金史》卷七六《宗本传》，第 1733 页。
〔2〕《金史》卷七六《宗义传》，第 1741 页。
〔3〕《清太宗文皇帝实录》卷三，天聪元年四月甲辰。
〔4〕《金史》卷一一七"赞曰"，第 2568 页。
〔5〕《金史》卷二《太祖纪》，第 25 页。

官制度。[1]金朝太祖、太宗建国后，面临猛安谋克的体制与政策如何改革的大问题。太祖定燕京后，始用辽南、北面官制度，并始任用汉官宰相左企弓等，"置中书省、枢密院"等机构。太宗时，女真勋臣"劝太宗改女直旧制，用汉官制度。天会四年（1126），始定官制，立尚书省以下诸司府寺"。[2]以韩企先为宰相。企先，燕京人，祖仕辽为中书令，通经史、知典故，或因或革，咸取折中，史称"贤相"。但金朝仍对女真等实行初始时的猛安谋克制。猛安谋克是大金夺取天下的"法宝"。在入主中原后，本应对猛安谋克进行改革，以适应"由打天下到坐天下"的改革，但为保护既得利益者，而未对其进行改革。

金朝从关外一隅，入主中原，旧的体制，如何处理？女真的传统制度为猛安谋克制。历代金主都在维护猛安谋克制。金太宗天会十一年（1133），金朝将本土大量女真猛安谋克户迁入中原，充实新占领的土地。"棋布星列，散居四方。令下之日，比屋连村，屯结而起。"[3]金朝主体民族是女真，猛安谋克在土地、耕牛、税收、法制等方面有特权，既享有特权，又有优越感。他们先是"计口授田"，却占田不耕。"今人北军，一家苫地，不下数顷，既无税赋，春则借农以种，夏则借人以耘，秋则借人以收。"[4]猛安谋克"从来掌兵者多用世袭之官，此属自

---

〔1〕 张博泉：《论金代猛安谋克制度的形成、发展及其破坏的原因》，《文史哲》1963 年第 1 期。

〔2〕 《金史》卷七八《韩企先传》，第 1777 页。

〔3〕 宇文懋昭撰，崔文印校证：《大金国志校证》卷八《太宗皇帝纪》，中华书局，1986 年，第 126 页。

〔4〕 《三朝北盟会编》卷二三〇《炎兴下帙》引《朝奉郎崔陟孙淮夫梁曳两府札子上》。

幼骄惰，不任劳苦，且心胆懦怯，何足倚办"。[1]猛安谋克不仅具有军事、行政、经济的特权，而且享有法律特权。章宗承安五年（1200）五月"定猛安谋克斗殴杀人，遇赦免死"。[2]保持女真亦兵亦农传统，使女真处于统治民族的特权地位。

猛安谋克户"往往骄纵，不亲稼穑，不令家人农作，尽令汉人佃莳，取租而已"。[3]如"山西田多为权要所占，有一家一口至三十顷者，以致小民无田可耕"。[4]又如"猛安户不自种，悉租与民，有一家百口垅无一苗者"。[5]这样，猛安谋克在整体上逐渐变成一个特权性、懒惰性、腐化性、寄生性的集团。他们享有政治、经济、教育、文化、法治等特权，成为社会的特殊阶层。猛安谋克这根国家支柱、女真栋梁，无事则已，一旦有事，如腐柱支厦，稍遭风雨，轰然倒塌。

金朝兴也猛安谋克——史评曰："金兴，用兵如神，战胜攻取，无敌当世，曾未十年，遂定大业。原其成功之速，俗本鸷劲，人多沉雄，兄弟子姓，才皆良将，部落保伍，技皆锐兵……是故将勇而志一，兵精而力齐，一旦奋起，变弱为强，以寡制众，用是道也。"[6]金崛起时，"将勇而志一，兵精而力齐"，攻而克，战而胜，夺取赫赫战果，获得节节胜利。

金朝衰也猛安谋克——史评继曰："及其得志中国，自顾其宗族国人尚少，乃割土地、崇位号以假汉人，使为之效力而守

---

[1]《金史》卷一〇八《侯挚传》，第2385页。

[2]《金史》卷一一《章宗纪》，第253页。

[3]《金史》卷四七《食货志一》，第1046页。

[4] 同上。

[5] 同上书，第1047页。

[6]《金史》卷四四《兵志》，第991页。

之。猛安谋克杂厕汉地，听与契丹、汉人昏因（婚姻）以相固结。迨夫国势寖盛，则归土地、削位号，罢辽东渤海、汉人之袭猛安谋克者，渐以兵柄归其内族。然枢府签军募军兼采汉制，伐宋之役参用汉军及诸部族而统以国人，非不知制胜长策在于以志一之将、用力齐之兵也，第以土宇既广，岂得尽任其所亲哉！驯致极盛，乃自患其宗族国人之多，积其猜疑，卒自戕贼，遂致强本刊落，醇风锡薄，将帅携离，兵士骄惰。"[1]

金朝亡也猛安谋克——史评后曰："迄其亡也，'忠孝'等军构难于内，纥军杂人召祸于外，向之所谓志一而力齐者，不见可恃之势焉。岂非自坏其家法而致是欤？抑是道也可用于新造之邦，不可以保长久之天下欤？"[2]

纥军已然腐朽，"忠义军"收纳降人、亡命者组成，概如"镢枪头""稻草人"，装样唬人，倒也可以，用之实战，必败无疑。

大金皇朝，忘却初心，当年锐气散尽，内部分崩离析，宗室集团腐败，猛安谋克腐朽。猛安谋克自戕自尽，蒙元取而代之则是水到渠成。

---

[1] 《金史》卷四四《兵志》，第991—992页。
[2] 同上书，第992页。

第八章
崛起：森林帝国

　　森林文化演进到后金－清时期，达到中国森林文化史上的高峰。其主要标志是后金－清森林帝国的建立。这要从建州女真的南迁说起。

一　女真南迁

　　东北森林文化满－通古斯族系的肃慎、挹娄、勿吉、靺鞨之后，在辽金称作女真，因避辽兴宗耶律宗真的名讳，而称作女直。金亡元兴，女真成为元朝的臣民。元末明初，黑龙江及其支流松花江流域的女真，开始大量向南迁移。究其原因，列举四条：一是东北地区气候，进入一个新的寒冷期（即小冰河期），为求生存，避寒趋暖，向南迁移；二是蒙古贵族，对女真横征暴敛，苛索无度，为脱羁绊，向南迁移；三是明初用兵东北，北元军队或降附或反抗或内讧，造成该地区社会动荡，女真部民，避乱求安，向南迁移；四是女真内部，强凌弱，众暴寡，为求生存，较弱部落，向南迁移。于是，建州女真、海西女真，千里迢迢，艰难曲折，扶老携幼，举部南迁。在南迁女真诸部中，建州女真南迁的影响和后果，不仅打破东北地区女真各部的平衡，而且打破该地域原有的社会平衡，甚至打破中原地区传统的社会平衡。其结局是谁也没有预料到的，在中华大地上建立起一个以满洲为主体的森林帝国。要了解这个森林民族的性格、森林帝国的建立，就要从建州女真迁徙的历程开始叙述。

南迁历程　女真诸部落，在明代，以地域分为四大部：建州女真、海西女真、东海女真和黑龙江女真。建州女真分布在松花江、牡丹江、长白山一带，后迁徙到今辽宁、吉林东部山河地域；海西女真分布在松花江流域；东海女真分布在图们江、乌苏里江沿江暨以东沿海、岛屿地区；黑龙江女真分布在黑龙江中下游流域和库页岛等地。

元末明初女真的南迁，起自海西女真。明称为"海西"，因其位于明海西卫；清称为"扈伦"，因其在松花江支流呼兰河地带，满语"呼兰"又译为"扈伦"。海西（扈伦）女真南迁，逐渐形成扈伦四部：（1）哈达部；（2）乌拉部；（3）叶赫部；（4）辉发部。海西女真扈伦四部，经过辗转迁徙，到明中叶，逐渐定居：哈达部在哈达河（今清河）地方；乌拉部在今吉林省吉林市永吉县乌拉街地方，临近乌拉河（松花江上游）；叶赫部在今吉林省四平市梨树县地方，临近叶赫河；辉发部在今吉林省通化市辉南县辉发城镇地方，临近辉发河。扈伦四部经过迁徙演变，都姓纳喇氏。海西女真扈伦四部的兴衰分合，既同明朝政策与利益攸关，也同建州女真的盛衰与进退攸关。有明一代女真的纷争，主要是海西女真和建州女真的关系及其同明朝的关系问题。

在元末明初女真迁徙的各部中，直接影响后来满洲兴起的主要因素，根植于元朝合兰府水达达路的女真各部，即今黑龙江省依兰县（三姓）地带的建州女真。他们生活在黑龙江、长白山等广阔森林山水地域，就是《金史》所载 "'白山黑水'[1]是也"。[2]

当代学者在研究建州女真史时，能够查到最早见于史料的建州女真活动地域，是元末明初松花江与牡丹江汇流地带，今黑龙江省哈尔滨市依兰县境。元朝在这一区域，"设官牧民"，设置桃温、胡里改、斡朵怜、脱斡怜、孛苦江五个万户府。《元史·地理志》记载：

> 合兰府水达达等路，土地旷阔，人民散居。元初设军民万户府五，抚镇北边。一曰桃温，距上都四千里；一曰胡里改，距上都四千二百里、大都三千八百里（有胡里改江并混同江，又有合兰河流入于海）；一曰斡朵怜；一曰脱斡怜；一曰孛苦江。各有司存，分领混同江南北之地。其居民皆水达达、女直之人，各仍旧俗，无市井城郭，逐水草为居，以射猎为业。[3]

这些女真人，以射猎为业。经过漫长历史演进，后来成为建州女真的主体与核心，也是满洲先世之根源。这五个万户府，其中桃温、胡里改、斡朵怜三部的部众更多、首领更强。

---

[1] 满洲始祖三仙女神话发生地，主要有两说：其一，据《清太祖高皇帝实录》记载，是在长白山西麓布库里山的布尔湖里湖；其二，据《满洲旧档·天聪九年档》记载，是在今黑龙江黑河市瑷珲镇北十二华里隔江左岸布库里山下布勒霍里湖。以上两说的共同之点是在白山（长白山）黑水（黑龙江）之间的广阔地域。

[2] 《金史》卷一《世纪》，中华书局点校本，1975年，第2页。

[3] 《元史》卷五九《地理志二》，中华书局点校本，1976年，第1400页。

在这三个万户府中，最先同明朝发生联系的是胡里改部的阿哈出、斡朵里（斡朵怜）部的猛哥帖木儿等。朝鲜《龙飞御天歌》记载：

> 如女真，则斡朵里豆漫，夹温·猛哥贴木儿；火儿阿豆漫，古论·阿哈出；托温豆漫，高·卜儿阀。朵，都果切；斡朵里，地名，在海西江之东，火儿阿江之西。火儿阿，亦地名，在二江合流之东，盖因江为名也。托温，亦地名，在二江合流之下，二江皆自西而北流，三城相次沿江。夹温，姓也；哥，居何切，猛哥贴木儿，名也。古论，姓也；阿哈出，名也。高，姓也；阀，阿葛切，卜儿阀，名也。[1]

上文，斡朵里、火儿阿（胡里改）、托温，为地名，分别是三城。豆漫为满语音译，汉语意译是万户。夹温·猛哥帖木儿、古论·阿哈出、高·卜儿阀，其中的夹温、古论、高分别是姓，猛哥帖木儿、阿哈出、卜儿阀分别是人名，三个万户，分领其地，分统其众。前引斡朵里万户夹温·猛哥帖木儿，火儿阿万户古论·阿哈出，托温万户高·卜儿阀，他们的所在地——斡朵里猛哥帖木儿部，在牡丹江入松花江江口以西；火儿阿即胡里改阿哈出部，在牡丹江入松花江江口以东；托温部在二江合流以下。三地因江而名，三个万户，彼此为邻。三江都自西而北流，斡朵里、火儿阿（胡里改）、托温三城，相次沿江，相互联系。这里的女真部民依山傍水，以狩猎、捕鱼、采集为生，受

---

[1]《龙飞御天歌》卷七，第52章，朝鲜古书刊行会本。

着森林文化的沐浴和浸染。

建州女真南迁路线图是：穿越六大江河——从黑龙江，经松花江、牡丹江、图们江、鸭绿江，到苏子河（汇辽河入海）地带。以今省份和地域，即从黑龙江省，到吉林省，到朝鲜，再到辽宁省。猛哥帖木儿于明洪武五年（1372）前后，率领部众，溯牡丹江而上，南徙到珲春河流域居住。约于洪武九年（1376）至十七年（1384）之间，离开珲春河畔，南渡豆满江（图们江），进入朝鲜境东北庆源、镜城一带居住。后经朝鲜李朝创建者李成桂奏请，明太祖朱元璋赐其国名朝鲜。[1]李成桂为猛哥帖木儿举办酒宴，进行笼络。洪武二十一年（1388），猛哥帖木儿又率部南移到阿木河（斡木河）即吾音会（今朝鲜会宁）地方，耕种牧猎，安家居住。移住的人口，据《李朝实录》记载："猛哥帖木儿、答失等并管下一百八十余户，见居公崄镇迤南镜城地面。"[2]其人口，若以一户七口计，约为一千二百六十名。[3]

建州女真的始祖，即努尔哈赤的始祖，《清太祖武皇帝实录》称：始祖姓爱新觉罗，名布库里雍顺。[4]但其时女真没有文字，这段历史靠口耳相传。从历史文献看，建州女真始祖为猛哥帖木儿。[5]明永乐帝是一位雄才大略的君主。如他派郑

〔1〕《明太祖实录》卷二二三，洪武二十五年闰十二月乙酉，"中央研究院"历史语言研究所校勘本，1962年，第4页。

〔2〕《李朝太宗大王实录》卷九，五年五月庚戌，日本学习院东洋文化研究所刊，1959年，第19页。

〔3〕［日］河内良弘：《明代女真史の研究》，同朋舍，1992年，第37页。

〔4〕《清太祖武皇帝实录》卷一，台北故宫博物院藏本，台湾广文书局影印本，1970年，第2页。

〔5〕《明太宗实录》卷一四四，永乐十一年十月甲戌，"中央研究院"历史语言研究所校勘本，1962年，第2页。

和下西洋，派亦失哈下奴儿干[1]并设立奴儿干都指挥使司，[2]迁都北京，编修《永乐大典》等。这都是旷世之奇功。明初中央管辖范围，东北到黑龙江入海口和库页岛地区。在永乐元年（1403），阿哈出到南京朝贡，永乐帝任命他为建州卫指挥使："女直野人头目阿哈出等来朝，设建州卫军民指挥使司，阿哈出为指挥使。"[3]永乐三年（1405）九月，猛哥帖木儿随明使到南京，觐见永乐帝。明廷封猛哥帖木儿为建州左卫指挥使。[4]这是建州女真名称的由来，也是建州女真历史的起点。从此，建州女真走上浴火重生之路。

浴火重生　建州女真在南迁过程中，多遭磨难，笔不胜书。如建州女真从今黑龙江斡朵里、胡里改（火儿阿），迁至凤州、阿木河（会宁），再迁到兀剌山城（今辽宁桓仁五女山）、吾弥府（今辽宁桓仁古城子）、苏子河赫图阿拉（今辽宁新宾）地带等。最后建州卫、建州左卫、建州右卫，三卫统合于一，定居赫图阿拉地域。在一百多年间，其重大磨难有三：一是宣德癸丑之难，二是成化丁亥之难，三是成化己亥之难。

宣德癸丑之难　发生在明宣德八年（1433），是年癸丑，史称宣德癸丑之难；因事情发生在斡木河，又称"斡木河之难"。

先是，永乐二十一年（1423）四月，猛哥帖木儿随从永乐帝北征后，得到谕旨，携子权豆（阿古），率正军1000名，妇女儿童6250名，到达朝鲜斡木河地带牧猎耕农。不久，猛哥帖

---

[1]《敕修永宁寺记》，载于《历史的见证》附录，见《历史研究》1974年第1期。

[2]《明太宗实录》卷九一，永乐七年闰四月己酉，第1页。

[3]《明太宗实录》卷二五，永乐元年十一月辛丑，第6页。

[4]《李朝太宗大王实录》卷一一，六年三月丙申。

木儿的同母异父弟凡察等也来到这里。随后，女真豪族杨木答兀从原住地开原因谋叛剽掠，受到追捕，[1]逃往斡木河。宣德八年（1433）明升猛哥帖木儿为右都督，正一品，并授凡察为都指挥使。不久，发生杨木答兀的"斡木河事件"：女真豪族杨木答兀率众抢掠，明派指挥同知裴俊，带领官兵 161 名，到斡木河处置。闰八月十五日，杨木答兀等抢掠裴俊所带赏赐物品及马匹等。十月十九日，他纠合"七姓野人"等八百余人，骑马持械，突袭猛哥帖木儿驻地，抢劫财物，放火焚寨。猛哥帖木儿、权豆（阿古）等率众抵御。在激战中，猛哥帖木儿、权豆（阿古）等被杀害。这就是"斡木河事件"。之后，明廷升建州左卫都指挥佥事凡察为都督佥事，仍掌建州左卫事。

> 升建州左卫都指挥佥事凡察为都督佥事，仍掌卫事，余升秩有差。先是遣都指挥裴俊往斡木河招谕，遇寇与战，而众寡不敌，凡察等率众往援，杀贼有功，故超升之。[2]

猛哥帖木儿之子董山（童仓）在斡木河事变时，被掳去，后经赎回。董山回来后与叔父凡察同住。但董山上奏明廷，请求准许其与叔父凡察前往辽东居住：

> 建州左卫都督猛哥帖木儿子童仓奏，臣父为七姓野人所杀，臣与叔都督凡察，及百户高早化等五百余家，潜住

---

〔1〕《明宣宗实录》卷一三，宣德元年正月癸亥，"中央研究院"历史语言研究所校勘本，1962 年，第 13 页。

〔2〕《明宣宗实录》卷一〇八，宣德九年二月癸酉，第 12 页。

朝鲜地，欲与俱出辽东居住，恐被朝鲜国拘留，乞赐矜悯。上敕朝鲜国王李祹，俾将凡察等家送至毛怜卫，复敕毛怜卫都指挥同知郎卜儿罕，令人护送出境，毋致侵害。[1]

后几经曲折，冲破磨难，董山终于和凡察迁到辽东。其间，因建州左卫印信发生争执，情节曲折生动。《明英宗实录》记载：

> 敕建州左卫都督凡察及故都督猛哥帖木儿子指挥董山曰：往闻猛哥帖木儿为七姓野人戕害，掠去原降印信，宣德年间又复颁降，令凡察掌之。前董山来朝云，旧印已获。近凡察来朝又奏，欲留新印。一卫二印，于法非宜，敕至，尔等即协同署事，仍将旧印遣人送缴，庶几事体归一，部属信从。[2]

朝廷一纸敕谕，未能解决问题。一卫新旧两印，叔侄纷争，互不相让，如何解决？此时，对于建州左卫部民的意愿，朝鲜派官实地了解。朝鲜咸吉道节制使金宗瑞访查后奏报："今闻凡察非猛哥帖木儿同父弟，而童仓幼弱之时，犹领管下以为一部酋长。今童仓年满二十，体貌壮大，一部人心，咸归童仓，而轻凡察。"[3]

---

[1]《明英宗实录》卷三六，正统二年十一月戊戌，"中央研究院"历史语言研究所校勘本，1962年，第3页。

[2]《明英宗实录》卷三八，正统三年正月癸丑，第8页。

[3]《李朝世宗大王实录》卷八二，二十年七月辛亥，日本学习院东洋文化研究所刊，1959年，第12页。

明廷经过调查、调解之后，由正统帝谕准，将建州左卫，加以拆分，设建州右卫：

> 分建州左卫，设建州右卫。升都督佥事董山为都督同知，掌左卫事；都督佥事凡察为都督同知，掌右卫事。董山收掌旧印，凡察给新印收掌。[1]

叔侄印信之争，得到妥善解决。于是，出现建州三卫——建州卫、建州左卫和建州右卫。建州三卫，经过挫折，辗转迁徙，合住一处，开始建州女真发展的新阶段。然而，建州女真又遭到更大磨难。

成化丁亥之难　发生在明成化三年（1467），是年丁亥，史称成化丁亥之难。先是，建州三卫合住后，部族旺盛，势力渐大，对明朝和朝鲜，时顺时乱，时和时扰。于是，成化帝决定出动大军，会同朝鲜军队，合剿建州女真的驻地。明廷命监军太监黄顺、左都御史李秉、武靖伯赵辅等统兵八万，分作五路；朝鲜以康纯、鱼有沼等为大将，领兵一万五千，也分为五路——联合进攻建州。建州女真腹背受敌，左右遭击，明军大胜。史载：

> 神枪发而火雷迅击，信炮举而山岳震摇。尽虏酋之所有，罔一夷而见逃。剖其心而碎其脑，粉其骨而涂其膏。强壮尽戮，老稚尽俘。若土崩而烬灭，犹瓦解而冰消。空

---

[1]《明英宗实录》卷八九，正统七年二月甲辰，第6页。

其藏而潴其宅，杜其穴而火其巢。[1]

此役，赵辅报功称："征建州叛贼，斩首七百三十五级。"[2]并"尽焚其屯落，尽杀其头畜"，焚毁房屋仅其中一路即达千余家，牛马、粮食、财产无算。赵辅因军功，由伯爵升为侯爵，却留下后患。

与明军遥相配合的朝鲜军，过鸭绿江，攻剿捣巢。康纯率右厢军，进攻建州左卫驻地苏子河（今辽宁省新宾满族自治县永陵镇赫图阿拉村）地带；鱼有沼率左厢军，进攻建州卫驻地吾弥府地带李满住及其子古纳哈等驻地，建州右卫驻地兀剌山城地带。建州三卫，遭受重创，城破人亡，家舍被焚。朝鲜史书作了记载：

> 自满浦入攻婆猪江，斩李满住及古纳哈、豆里之子甫罗充等二十四名；擒满住、古纳哈等妻子及妇女二十四口；射杀未斩头一百七十五名；获汉人男一名、女五口，并兵械、器仗、牛马；焚家舍积谷……鱼有沼自高沙里入攻阿弥府，斩二十一级，射杀未斩头五十，获汉女一口，并兵仗、器械、牛马，焚家舍九十七区。[3]

朝鲜军得胜之后，砍斫大树，剥去树皮，露出白木，大字

---

[1] 李辅：《全辽志》卷六，《辽海丛书》影印本，辽沈书社，1985年，第25页。

[2] 《明宪宗实录》卷二一一，成化十六年十二月己未，"中央研究院"历史语言研究所校勘本，1962年，第3—4页。

[3] 《李朝世宗大王实录》卷四四，十三年十月壬寅，第6页。

书曰："朝鲜大将康纯领精兵一万，攻建州！"朝鲜李朝"世祖对康纯曰：'"攻"字未快，"灭"字最好！'"[1]

建州卫第一任指挥使为阿哈出，资历深、地位高、威望大，死后由其子释加奴继任其职，是为第二任建州卫指挥使；再后，由释加奴之子李满住为第三任建州卫指挥使。此役，李满住为建州三卫的长者与核心，但李满住、李古纳哈父子蒙难；同期，建州左卫指挥使猛哥帖木儿之子董山，在北京朝贡回程行至广宁，被明朝扣押，解往京师，同年十一月，在北京被杀。[2]建州三卫中的两位最具威望与权力的首领都被杀害。

总之，成化丁亥之难，建州三卫遭受到建州女真史上，继斡木河事变后又一次灾难性的打击。建州女真厄运，十二年后重演。

成化己亥之难　发生在明成化十五年（1479），是年己亥，史称成化己亥之难。此役，事出之因，各有诠释：一是明廷说建州肆行抢掠，二是建州说明朝禁止贸易，三是明文官说武官邀立边功——"启衅召敌"[3]，四是前事之因为后事之果，即女真进行报复。

于是，明廷命太监汪直监督军务，抚宁侯朱永佩靖虏将军印、为总兵官，统率大军，征剿建州，攻其不备，捣其巢穴。[4]并命朝鲜国王李娎出兵，配合明军，夹击建州。此役，自十月初五日到十一月二十六日，其结局，《明宪宗实录》记载：

> 建州贼巢，在万山中，山林高峻，道路险狭，臣等分

---

[1]《李朝世宗大王实录》卷四四，十三年十一月辛巳，第42页。

[2]《明宪宗实录》卷一七九，成化十四年六月戊戌，第3页。

[3]《明史》卷一八〇《强珍传》，中华书局点校本，1974年，第4776页。

[4]《明宪宗实录》卷一八三，成化十五年十月辛丑，第2—3页。

为五路，出抚顺关，半月抵其境。贼据险迎敌，官军四面夹攻，且发轻骑，焚其巢穴，贼大败，擒斩六百九十五级，俘获四百八十六人，破四百五十余寨，获牛马千余，盔甲、军器无算。[1]

此役，汪直等升官、晋级、加俸、纪功，受赏者达二千六百六十二人。[2]

朝鲜国王李娎也向明廷奏捷称："引兵渡江，进捣贼巢，斩首十六级，生擒男妇十五人，并获辽东被虏妇女七人，及驱其牛马，毁其庐舍。"[3]

成化己亥之役使建州女真，继宣德癸丑、成化丁亥两役后，再一次受到沉重打击，从此之后，衰落百年。

边事体大，不可不慎。或抚或剿，理宜慎重。朝廷发兵，有理无节，征讨过当，引发报复。明成化时，马文升、余子俊等主抚，汪直、陈钺等主剿。成化年间，两次建州之役，兵部尚书余子俊等曾忠直奏言：

> 今推诚抚安，事将就绪，若欲加兵，则抚安成命，不足为恩，适足为仇，无以示信。况六月兴师，兵法所忌，宜令总兵、巡抚等官，按兵境上，以戒不虞，仍与文升等协和定议，以抚安为主，少苏边困，果有深入为寇，方许征讨。[4]

---

〔1〕《明宪宗实录》卷一九七，成化十五年十一月丁未，第6页。

〔2〕《明宪宗实录》卷一九七，成化十五年十二月辛未，第6页。又，依《明实录·宪宗实录校勘记》："一十五百，旧校改十为千"，而据校改数字计算。

〔3〕《明宪宗实录》卷二〇〇，成化十六年二月壬申，第5页。

〔4〕《明宪宗实录》卷一七九，成化十四年六月戊戌，第3页。

　　明兵部尚书余子俊于辽东边政，几次奏言，提出建议：其一，推诚抚安，边事慎重；其二，以抚为主，勿轻用兵；其三，区别良莠，玉石分清；其四，陈兵边上，犯则击之；其五，有理有节，不轻捣巢；其六，不以小事，开启边衅。《明史·余子俊传》详其西北之功，而略其东北之绩，但撰者公允评论道："余子俊尽心边计，数世赖之。"[1]

　　于边事，于谦说："刚柔兼济，宽猛适宜；本之以廉明，济之以通便；毋生事而激变，毋纵恶而长奸；毋贪小利以堕贼计，毋邀近功而防远图。"[2]

　　总之，有明一代，辽东边政，有得有失，其弊在于：庙堂不明，太监擅政，文官求荣，武官邀功，招衅边事，遗下后患。明朝一系列的边政失当，最后引发努尔哈赤起兵，加速朱明皇朝覆亡，拉开满洲兴起帷幕。

　　建州女真经过三次大的苦难。苦难之后，浴火重生。重生后的建州女真三部统合，发生了明朝、朝鲜和女真都没有料到的历史走向和深远结果。从此，赫图阿拉发展成为东北森林文化的中心，后金-清森林帝国的发祥基地。其特点是建州女真的文化三元趋向。

　　三元特征　建州女真定居在赫图阿拉地带，"林木交柯，松桧参天"[3]，河溪纷流，物产丰盈，接纳了建州女真三部合一的部民移入。此地，东临朝鲜，西通辽河平原，西北接蒙

---

〔1〕《明史》卷一七八《余子俊传》，第4746页。

〔2〕　于谦：《于谦集》，中国文史出版社，2000年，第119页。

〔3〕　〔朝〕申忠一：《写定申忠一图录》图版二，《兴京二道河子旧老城》日文本，建国大学刊印，1939年。

古——受着农耕文化与草原文化的双重影响。因此，呈现文化的三元性。

第一，经济的三元性。建州女真以渔猎经济为特征。《满洲源流考》载述："自肃慎氏楛矢石砮，著于周初，征于孔子。厥后夫余、挹娄、靺鞨、女真诸部，国名虽殊，而弧矢之利，以威天下者，莫能或先焉……骑射之外，他无所慕，故阅数千百年，异史同辞。"[1]其朝贡方物，主要为林产品，植物如人参、蘑菇、木耳、松茸等，动物及制品如海东青、鹿茸、熊胆、飞龙、貂皮、猞猁狲皮等。后来努尔哈赤要迁都沈阳，众臣不愿意，他说服诸王大臣曰："时而出猎，山近兽多；河中水族，亦可捕而取之。"[2]这里努尔哈赤说的还是渔猎经济。

建州女真含有草原经济元素。福格在《听雨丛谈》中也说："满洲之俗，同于蒙古者衣冠、骑射。"[3]

建州女真在南迁之前，已有农耕经济。斡木河居住时期，既在"打围放牧"[4]，又在"旧居耕农"[5]。到苏子河等流域后，受汉族和朝鲜农耕文化的东西两面影响，农业更加迅速发展。譬如，在抚顺"马市"，汉人大批流入，女真购进大量铁制农器与耕牛，使其社会生产力迅速提高，出现沿河平原谷地，耕牛布散，禾谷丰茂的景象。耕牛和农器为建州女真"所恃以为

---

[1]《钦定满洲源流考·国俗一》，台湾商务印书馆影印《四库全书》本，1986年。

[2]《清太祖高皇帝实录》卷九，中华书局影印本，1986年，第10页。

[3] 福格：《听雨丛谈》卷一，中华书局标点本，1984年，第1页。

[4]《李朝太宗大王实录》卷九，五年三月丙午，第8页。

[5]《李朝世宗大王实录》卷二〇，五年四月乙亥，第11页。

生"。[1]天顺三年（1459），建州卫头目从北京返回旧居时，"沿途买牛，带回耕种"。[2]朝鲜申忠一自鸭绿江到满遮，"所经处，无墅不耕，至于山上，亦多开垦"。[3]如万历十二年（1584）三月的17次农具交易，女真人买进铁铧4388件；同月29次买卖牛交易，买进耕牛430头，其中一次为97头。[4]后来朝鲜李民寏在赫图阿拉所见："土地肥饶，禾谷甚茂，旱田诸种，无不有之。"[5]赫图阿拉地域女真，不仅经济具有三元性，而且文化亦有三元性。

第二，文化的三元性。满洲与蒙古同属于阿尔泰语系。清太祖努尔哈赤谕及满洲和蒙古相同的文化风习时说：蒙古与满洲，"衣饰风习，无不相同"。[6]建州首领努尔哈赤在同蒙古交往中，学会蒙古语，并会蒙古文。努尔哈赤兴起后，主要用蒙古文，这充分表明满、蒙两族在语言方面的相近性。如"时满洲未有文字，文移往来，必须习蒙古书，译蒙古语通之"。[7]明万历二十七年（1599）努尔哈赤主持创制的满文，是以满洲语言为基础，以蒙古字母为符号，拼写满洲文字，从

〔1〕《明英宗实录》卷五四，正统四年四月己丑，"中央研究院"历史语言研究所校勘本，1962年，第4页。

〔2〕《明英宗实录》卷三〇〇，天顺三年二月庚午，第6页。

〔3〕［朝］申忠一：《写定申忠一图录》图版三，《兴京二道河子旧老城》日文本，建国大学刊印，1939年。

〔4〕明档乙107，辽宁省档案馆藏。

〔5〕［朝］李民寏：《建州闻见录》，日本天理大学图书馆藏玉版书屋本，第31页。

〔6〕满文老档研究会译注：《满文老档》，太祖十三，天命四年十月，东洋文库，1955年。

〔7〕《满洲实录》卷三，辽宁通志馆影印本，1930年，第2叶。

而具有满、蒙两重性的特征。满语文还吸收了大量汉语词汇。满洲同蒙古都共同信奉萨满教，后来也都尊奉喇嘛教。又如女真的叶赫部，"始祖蒙古人，姓土默特，所居地名曰璋，灭呼伦国内纳喇姓部遂居其地，因姓纳喇"；[1]辉发部，本姓益革得里，居住扈伦地方，后投纳喇姓，遂改姓纳喇。[2]说明女真文化中含有蒙古因素。

建州女真吸收汉文化。从阿哈出、猛哥帖木儿到努尔哈赤、舒尔哈齐等都到明朝京城朝贡，受明廷封官赐赏。努尔哈赤有汉族师傅，如浙江绍兴府人龚正陆，"号为师傅，方教老乙可赤儿子书"。[3]凡建州与朝鲜、明朝的公文，由汉人龚正陆用汉字书写，"凡干文书，皆出于此人之手。"[4]在建州赫图阿拉，后兴建佛庙、关帝庙等，都是受了汉文化的影响。满文创立后，以满文翻译《大明会典》《金史》《三国演义》等，受汉文化影响很深。

建州女真，不仅经济、文化具有三元性，而且军事亦有三元性。

第三，军事的三元性。建州军事体现狩猎文化。八旗满洲的创立，是以围猎为原型的。史载，满洲人出猎开围之际，各出箭一支，十人中立一总领，属九人而行，各照方向，不许错乱，此总领呼为牛录额真，于是以牛录额真为官名。[5]八旗满

---

〔1〕《满洲实录》卷一，第46叶。

〔2〕《清太祖武皇帝实录》卷一，第6叶。

〔3〕《李朝宣祖大王实录》卷七〇，二十八年十月癸卯，日本学习院东洋文化研究所刊，1959年。

〔4〕《申忠一书启及图录》图版十一，《兴京二道河子旧老城》日文本。

〔5〕《满洲实录》卷三，中华书局影印本，1986年，第3—4页。

洲的"牛录额真"（后称佐领）就是由此而来的。此为其八旗满洲之一元。

八旗蒙古，相继建制。天命七年即明天启二年（1622），始设蒙古旗。天聪三年即明崇祯二年（1629），将原有的蒙古旗，扩编成"蒙古二旗"。[1]天聪九年即明崇祯八年（1635）二月二十六日，皇太极命编审蒙古壮丁，将蒙古二旗，扩充、建制为八旗蒙古——正黄、镶黄、正红、镶红、正白、镶白、正蓝、镶蓝，合有蒙古壮丁7830名；并另设三旗，合有壮丁9123名。以上11旗，共有壮丁16953名。[2]其旗色和建制，与八旗满洲相同。历史经验表明：蒙古之强弱分合，"系中国之盛衰"[3]；而蒙古与满洲之离合，"实关乎中国之盛衰焉"[4]。此为其八旗蒙古之又一元。

建州军事三元性还表现为八旗汉军。天聪八年即明崇祯七年（1634）五月，皇太极正式成立汉军，后析为二旗。崇德四年即明崇祯十二年（1639）六月，增析汉军二旗为正黄、镶黄和正白、镶白四旗。崇德七年即明崇祯十五年（1642）七月初四日，皇太极命编汉军为八旗。称作八旗汉军，旗色与满洲八旗相同。此为其八旗满洲之再一元。

从此，八旗汉军同八旗满洲、八旗蒙古同编序列，共同组成八旗军队。从而体现建州军事史上满、蒙、汉的文化三元性。

综上可见，森林文化所孕育出来的部族，自商周肃慎，经

---

[1]　《清太宗文皇帝实录》卷五，天聪三年十二月壬子，第32页。

[2]　《清太宗文皇帝实录》卷二二，天聪九年二月丁亥，第12—14页。

[3]　张穆：《蒙古游牧记》卷首，清刻本。

[4]　王之诰：《全辽志·序》，《辽海丛书》第1册，辽沈书社，1985年，第496叶。

秦汉挹娄、魏晋勿吉、辽金女真，到明末建州女真，其文化积淀已历两千余年。建州三卫军民迁徙定居赫图阿拉地域后，经过百年，生聚发展，统合部众，文化三元——为森林文化统合草原文化、农耕文化和高原文化，准备了文化基础与链接条件，进而走上满洲崛兴之路。

二　满洲兴起

努尔哈赤（1559—1626），建州女真苏克苏浒河部人，为猛哥帖木儿后裔，是满洲兴起的首领、清朝的奠基者、满洲森林帝国的开创人，被清尊为太祖高皇帝。

上节已述，建州卫、建州左卫、建州右卫三部合住后，遭到三次毁灭性的打击和围剿，人亡、财空、寨焚、部破。但是，建州女真没有在灾难面前倒下，而是爬起来，从零开始，百年生聚，积蓄力量。到明万历初年，部族势力，逐渐强大。但是，明万历十一年（1583）春，努尔哈赤家族又遭到大灾难，就是他的祖父觉昌安和父亲塔克世，在古勒城遭到明军误杀。本来努尔哈赤的父、祖是忠于大明的。明辽东总兵李成梁在率军攻打古勒城时，将努尔哈赤的父、祖在乱军中杀害。努尔哈赤得到噩耗，去找官军论理，却被告知："非有意也，误耳！"遂"与敕书三十道、马三十匹，复给都督敕书"，[1]以了结此事。努尔哈赤不满，拉起胞弟舒尔哈齐、随从额亦都等，以父亲"遗甲十三副"[2]起兵，开始了他44年统一女真的漫长生涯。

---

〔1〕《清太祖武皇帝实录》卷一，第10叶。
〔2〕《清太祖高皇帝实录》卷一，第12页。

时年二十有五。

努尔哈赤十岁丧母，少时到森林中挖人参、采蘑菇、拾松子等，到抚顺"马市"交换，补贴家中生活。他广交女真、蒙古，也交汉人朋友。他经常参加合围打猎。努尔哈赤从经验中深知：合，才能有力量；合，才能成事业。其初期，建州部力量弱小，其政治焦点在于女真内部的统一。统合，就从女真本部做起。

统合女真　满洲崛起、发展的过程，就是不断统合多元文化的过程。这个统合，先从女真开始。

建州女真　经过百年生聚，辽东地区的建州女真，主要有建州本部和长白山部：建州本部，分为苏克苏浒河部、浑河部、王甲（完颜）部、董鄂部、哲陈部；长白山部，分为朱舍里部、纳殷部和鸭绿江部。努尔哈赤采取"顺者以德服，逆者以兵临"[1]的策略，恩威并施，经过十年，基本统合了建州女真。

在上述过程中，有一个故事：努尔哈赤起兵之后，族内不理解，族外常作对。一次努尔哈赤率军攻打董鄂部瓮科洛城时，先被守城的武士鄂尔果尼以矢射中，血流至足；又被守城的射手洛科以矢中颈，血流如注。他挂弓下屋，昏仆于地。伤愈后，他再率军，兵破此城，擒获鄂尔果尼与洛科，众将请对其施以乱箭穿胸之酷刑，以雪前恨。努尔哈赤却说：

> 两敌交锋，志在取胜。彼为其主，乃射我，今为我用，不又为我射敌耶！如此勇敢之人，若临阵死于锋镝，犹将

---

[1]《满洲实录》卷一，第26叶。

惜之，奈何以射我故而杀之乎！[1]

努尔哈赤命给二人解开捆绳，分别授其为牛录额真。部众开始不解，后来晓然：只要英勇杀敌，就会受到封赏。尔后在争战中，诸臣众将，奋勇顽强，忠勇杀敌，屡建奇功，逐渐形成以五大臣、四大贝勒为核心的领导集团，率官将，统军民，完成女真统一大业。

东海女真　东海女真史称"野人女真""鱼皮鞑子"等，受明奴儿干都指挥使司管辖，主要分布在乌苏里江流域及其以东滨海地区及其近海岛屿。这里大江奔流，山高林密，孕育了丰厚的森林文化。乌苏里江发源于锡赫特山脉，在伯力（今俄罗斯哈巴罗夫斯克）与黑龙江汇流。沿江至海地域的东海女真主要有三部，如《清太祖武皇帝实录》记载之"东海兀吉部、斡尔哈部、虎尔哈部"。[2]也就是《清太祖高皇帝实录》中的"渥集部、瓦尔喀部、库尔喀部"。[3]赫哲族人主要生息与活动在这一地区。

建州兵指东海女真，先从邻近的瓦尔喀部开始。约在万历二十四年（1596），努尔哈赤派费英东率兵"初征瓦尔喀，取噶嘉路"。[4]而后，东海渥集部虎尔哈路路长王格、张格归附，贡纳"黑、白、红三色狐皮，黑、白二色貂皮"。[5]渥集部的部长博济里等六人求婚，努尔哈赤将六位大臣的女儿分别嫁给他们

〔1〕《清太祖高皇帝实录》卷一，第22页。
〔2〕《清太祖武皇帝实录》卷一，第6叶。
〔3〕《清太祖高皇帝实录》卷一，第8页。
〔4〕《清史列传》卷四《费英东》，中华书局标点本，1987年，第1页。
〔5〕《清太祖高皇帝实录》卷三，第1页。

做妻子，以联姻加固建州女真同东海女真的关系。

万历三十七年十二月，努尔哈赤命侍卫扈尔汉统兵千人，伐取渥集部所属瑚野路。瑚野路即明正统后设置的呼夜（兀也）卫，在乌苏里江上游支流瑚叶河（今俄罗斯滨海地区刀毕河）一带。[1]扈尔汉击取瑚野路，俘虏二千，年后二月返回建州。[2]

万历三十八年（1610）十一月后，额亦都率兵击取雅揽路。先是，永乐六年（1408）置牙鲁卫，[3]该卫设置在临近海边的牙鲁河流域，牙鲁河清代称雅兰河。雅揽路即今海参崴（今俄罗斯符拉迪沃斯托克）东北雅兰河一带。额亦都击取雅揽路，"获人畜万余而回"。[4]努尔哈赤将其降民等，编为两个佐领。

而后，建州再派军征讨渥集部之乌尔古宸、木伦二路。乌尔古宸路，因河名路，位置在兴凯湖东北，汇入乌苏里江；木伦路也因河得名，即穆林河，东流汇入乌苏里江。

万历四十二年（1614）十一月，努尔哈赤派兵五百人，十二月袭击锡林路。锡林因河得名，河在海参崴之东、雅兰河以西，南流入日本海。这次出征，建州军"收降民二百户，人畜一千而回"。[5]

万历四十三年（1615）十一月，努尔哈赤派兵二千人，征

---

〔1〕《盛京吉林黑龙江等处标注战迹舆图》，三排上，辽宁大学历史系铅印本，1981年。

〔2〕《满文老档》卷一《太祖》，己酉年（万历三十七年）十二月，中华书局译注本，1990年。

〔3〕《明太宗实录》卷七七，永乐六年三月丁卯。

〔4〕《清太祖武皇帝实录》卷二，第12叶。

〔5〕《清太祖武皇帝实录》卷二，第7叶。

讨东海渥集部额赫库伦。额赫库伦部民"住在东边的东海之北"[1]，即今俄罗斯乌苏里江以东滨海地区纳赫塔赫河地方。建州兵至，招降不服，分兵两路，越壕三道，拆毁栅栏，攻入城内。建州军阵斩八百人，俘获人畜万人头匹，收服其居民，编户五百而回。[2]

天命二年即明万历四十五年（1617）正月，努尔哈赤又派兵四百人，攻取沿海散居未服的诸部人；[3]二月，"遂将东海岸散居之民尽取之"[4]；三月，"造大刀船，渡过海湾，逮住占据海岛未服的诸部人"[5]。而后，六次发兵征讨东海女真。

总之，建州女真对东海女真前后用兵达三十年，基本上统一了东海女真。日人稻叶君山说："在西纪一六一六年（万历四十四年、天命元年）以前，太祖之兵，及于乌苏利（里）江东方沿海。"[6]朝鲜《光海君日记》当年记述努尔哈赤在东海一带势力范围时指出："东至北海之滨，并为其所有。"[7]努尔哈赤在东起日本海，西迄松花江，南达摩阔崴湾、濒临图们江口，北抵鄂伦河这一广大疆域内，基本统一东海女真诸部等，取代

〔1〕《满文老档·太祖》卷四，乙卯年（万历四十三年）二月二十日，中华书局译注本，1990年，北京。

〔2〕《满文老档·太祖》卷一，万历四十三年（乙卯年）十二月，东洋文库本，昭和30年（1955），第50页。

〔3〕《满文老档·太祖》卷五，天命二年正月十八日，东洋文库本。

〔4〕《清太祖武皇帝实录》卷二，第30叶。

〔5〕《满文老档·太祖》卷五，天命二年三月，东洋文库本。

〔6〕[日]稻叶君山：《清朝全史》上（一），中华书局，民国三年（1914），第88页。

〔7〕《光海君日记》卷二三，元年十二月丙寅，日本学习院东洋文化研究所，1959年。

明朝而对其统辖。

海西女真　海西女真是建州女真崛起时所遇到的女真内部最大的障碍和敌人。海西女真即扈伦四部——哈达、辉发、乌拉、叶赫，对建州崛起而羡慕、嫉妒、不满、仇恨，欲乘其弱小时加以吞并，万历二十一年（1593），叶赫纠合哈达、辉发、乌拉和朱舍里、讷殷，及蒙古、锡伯、卦尔察，共九部联军三万余人，向建州发动进攻，态势凶猛，必欲灭之。时努尔哈赤兵不满万，深夜报警，人心惶恐。努尔哈赤的表现是：气静。他被叫醒，听完军报，打着呼噜，又睡着了。其妻子推醒后问他：是方寸乱了，还是害怕了？他说：

> 人有所惧，虽寝，不成寐；我果惧，安能酣寝？前闻叶赫兵三路来侵，因无期，时以为念。既至，吾心安矣！[1]

努尔哈赤说完，又睡着了。黎明而起，率领诸将，统领军队，一举歼灭九部联军，获取"古勒山大捷"。从此，军威大振，远迩慑服。这发出一个历史信号：既然九部联军都败在古勒山下，那么这就预示着扈伦四部的最终命运。

建州对海西女真扈伦四部采取的策略是：分化瓦解、先弱后强、联大灭小、逐个击破。

哈达部，是扈伦四部中最强大之部，首领王台（万汗）受明朝册封为龙虎将军，驻地冲要，势力雄厚。但王台死后，子孙内讧，争斗不已。努尔哈赤乘机采取多种手段，最后在万历二十九年（1601）吞灭哈达，并其部众，毁其屯寨，收其牲

---

[1]《清太祖高皇帝实录》卷二，第14页。

畜，夺其敕书。[1]

辉发部，是扈伦四部中最弱之部。部既弱小，心又不齐，首领无能，朝秦暮楚。万历三十五年（1607），建州兵临辉发城下，外攻内应，攻破其城。杀辉发首领拜音达里，迁其民，并其兵，辉发亡。

乌拉部，因距明辽东军政中心较远，未被格外关注。乌拉贝勒满泰父子，夜入民舍，奸淫村妇，被其夫所杀。布占泰继其兄为贝勒。他曾参加九部联军攻打建州，兵败被俘，被招为额驸，时顺时逆，反复无常。建州多次发兵，像砍伐大树，一斧一斧，[2]最后在万历四十一年（1613）正月，建州军"破敌三万，斩杀万人，获甲七千副"，[3]砍倒这棵大树，攻占乌拉城，灭亡乌拉部。乌拉城建于明永乐五年（1407），十贝勒，传九代，206年，终归建州。

叶赫部，后为扈伦四部中，实力最大、部众最盛、兵马最多、首领最强，又受到明廷支持，最后才被攻破。当年，九部联军进攻建州，叶赫贝勒布寨与建州军一交锋，即落马被杀。努尔哈赤命将布寨尸体，剖为两半———一半归叶赫，一半留建州。从此，建州与叶赫结下不解之仇。[4]建州与叶赫，有联合、有冲突，有联姻、有争斗。皇太极生母即为叶赫贝勒纳林布禄之妹。自古勒山之役后，经过长达二十六年

〔1〕 时哈达得到明朝敕书共363道，其中原康古六181道，孟格布禄182道，哈达亡后皆归于建州。
〔2〕《满洲实录》卷三，满汉蒙三体合璧本，辽宁民族出版社，2016年，第166页。
〔3〕《满文老档·太祖》第2册，中华书局译注本，1990年，第17页。
〔4〕 王在晋：《三朝辽事实录》卷首，江苏省立国学图书馆藏本，第15页。

的较量，于万历四十七年即天命四年（1619）八月，努尔哈赤召集诸王贝勒大臣会议，誓言："此举如不克平叶赫，吾必不反（返）国也！"[1]时叶赫部两位贝勒——金台石住东城，布扬古住西城，两城相距四里。努尔哈赤决定：大贝勒代善、二贝勒阿敏、三贝勒莽古尔泰、四贝勒皇太极等率军，扬言征讨蒙古，绕路潜行，奔向叶赫贝勒布扬古驻地西城；又命额亦都等领军，"扮为蒙古兵"，奔向叶赫东城；努尔哈赤亲督大军，进行总指挥。叶赫东城，依山修筑，城四重，濠三道，坚固险要。八旗军进至叶赫两城下，守军鸣角操鼓，顽强迎战。八旗军毁其栅城，隳其外城。努尔哈赤派人劝降，不听，答道："宁战而死耳！"[2]努尔哈赤见状激励将士道："今日仍不克，则罢兵归矣！"众军齐喊道："愿赴死战！"努尔哈赤命军士布楯列梯，冒矢登城。城上射矢镞，发巨石，推滚木，掷火器；八旗军二三十人并排登城，但死伤惨重。建州兵穴其城。史载：费英东"从征叶赫，城上矢石雨下，公奋臂先登，遂拔其城"。[3]金台石见内城陷，携妻子登上禁城八角楼。金台石三次拒降，后金兵持斧毁台楼。金台石之妻携子沙浑下台楼降。金台石走投无路，举火自焚未死，被俘而遭缢杀。

东城既陷，西城丧胆。四大贝勒督兵匝围，攻城益急。守将吴达哈见东城陷落，大势已去，遂"携妻孥开门出降"。[4]四

〔1〕 徐乾学：《叶赫国贝勒家乘》，清钞本，国家图书馆善本部藏，第14页。
〔2〕 《清太祖高皇帝实录》卷六，第25页。
〔3〕 《开原关氏宗谱序》，载《盛京开原关氏宗谱》，不分卷，民国二十三年（1934）刊本。
〔4〕 徐乾学：《叶赫国贝勒家乘》，第19页。

大贝勒兵长驱而入，径围西城布扬古居所。大贝勒代善劝布扬古降，布扬古因疑惧而不敢出来。代善向布扬古做了降后不杀的承诺，自饮誓酒一半，送给布扬古饮另一半。布扬古命开居所之门而降。后努尔哈赤以跪拜礼节不恭为由，将他缢杀。

叶赫东西二城降后，[1]其所属各城俱降。努尔哈赤同叶赫打交道历时36年，终于将共传八世十一贝勒的叶赫部灭亡。后金对叶赫降民，"父子兄弟不分，亲戚不离，原封不动地带来了。不动女人穿着的衣襟，不夺男子带的弓箭，各家的财物，由各主收拾保存"。叶赫部民被迁徙至建州，入籍编旗，成为后金的臣民。

努尔哈赤破灭扈伦四部后：四部之首，皆为其所歼；之敕，皆为其所夺；之地，皆为其所有；之畜，皆为其所获；之财，皆为其所得；之民，皆为其所籍。

努尔哈赤之所以能够灭亡扈伦四部，除了客观上的有利条件之外，就主观条件来说，是他精神专注，不敢旁骛，志在必取，谨慎从事，壮大自身，孤弱敌人；采取了先弱后强，由近及远，利用矛盾，联大灭小，集中兵力，策略得当，步骤稳实，各个击破，统合海西女真。

黑龙江女真　史称"野人女真"，又称"使犬部""使鹿部"，因居住在黑龙江及其支流地域而得名。主要分布在黑龙江中下游地域及库页岛地区等。它包括黑龙江虎尔哈部、萨哈连部、萨哈尔察部、使犬部、使鹿部、索伦部和茂明安部等。

---

〔1〕《明神宗实录》卷五八六，万历四十七年九月甲申："据辽东总兵李如桢塘报，奴酋于前月二十一日寅时，攻陷金台失、白羊骨二寨，各到部为照，北关已破。"北关灭亡之日，应以《满文老档》记载的二十二日为准。

这些部族不仅有女真人，还有达斡尔人、鄂温克人、鄂伦春人、赫哲人、索伦人和蒙古人等。这一地区，"不产五谷，惟出紫貂、玄狐、海螺、灰鼠、水獭、鹰雕及鱼。"[1]他们虽属于不同的族群，但其语言都属于阿尔泰语系，又都信仰萨满教，有着相似的生活习俗，大多为浸润在森林文化之中的渔猎民族。

经过努尔哈赤、皇太极父子两代半个世纪的征抚，最终统一了黑龙江女真广大地区。女真的大统合，不仅扩展了土地，充实了人口，增广了财源，而且加强了兵力。如"有索伦兵、锡伯兵、达瑚尔兵、鄂伦春兵、卦勒察兵，共编佐领九十有七，皆打牲部落，异于游牧之蒙古"。[2]并补充了人才。兹据《满文老档》第六十七至第七十卷的不完全统计，仅天命十年即明天启五年（1625），对野人女真各部首领及其部民晋官和恩赏的名单多至492人，约占升赏名单总人数784人的62%强。另如东海女真那木都鲁部落首领康武理（康果礼），投顺建州，成为额驸。其家族乾隆时已历五代，有四十八人入传，其中位列十六大臣一人、大将军一人、一等公三人、尚书二人、都统三人、统领五人、参领十二人、佐领十六人、侍卫九人等。可见努尔哈赤"征抚并用，以抚为主"统合政策的明显效应。

绥抚蒙古　处理同蒙古的关系，既为成败盛衰之所系，又为长治久安之所系，因而成为努尔哈赤统合谋略的一大关键。魏源说："夫草昧之初，以一城一旅敌中原，必先树羽翼于同

---

[1]　魏源：《圣武记》卷一，中华书局，1984年，第11页。

[2]　魏源：《圣武记》卷一，中华书局据古微堂原刻本校刊本，第8页。

部。故得朝鲜人十，不若得蒙古人一。"[1]金兵为什么没能南进灭宋，因后顾有蒙古之忧；为什么只存百余年，因被蒙古大军灭掉。所以，努尔哈赤定下结盟蒙古、统合蒙古的祖训。如蒙古科尔沁贝勒明安，曾参加九部联军，率骑进攻建州，"明安马被陷，弃鞍，赤身体，无片衣，骑骣马脱出"。[2]但努尔哈赤不计旧怨，继续统合，终于结盟，联姻编旗，影响深远。特别是，蒙古巴岳特部恩格德尔引领内喀尔喀五部之使，到赫图阿拉，"进驼马来谒，尊太祖为崑都仑汗（即华言恭敬之意），从此蒙古相往不绝"。[3]到天命十一年（1626）努尔哈赤离世前，漠南蒙古东部已与后金结盟，后组建了八旗蒙古。皇太极时察哈尔蒙古归降（后文另叙）。

创制满文　女真先人在唐朝渤海政权时有文字，后来失传。金朝女真曾创制女真大字、女真小字，到明中期也逐渐失传。时阿尔泰语系的突厥语族和蒙古语族都有文字，唯满－通古斯语族的所有族群都没有文字。建州兴起，来往公文——对蒙古用蒙古文，对明朝和朝鲜用汉文，对女真则先用蒙古文再转译成女真语即满语传布。建州没有文字，影响其军事、外事、政事的发展需要。于是，在万历二十七年（1599），努尔哈赤命额尔德尼、噶盖，以蒙古字母，拼写满洲语，创制满文，颁行国中。满文的创制，在满洲文化史、满－通古斯文化史、东北亚文化史上，都是划时代的事件。后来，在森林文化史、满汉文化交流史、中华文化史、中西文化交流史上，都产生了巨大而

---

〔1〕　魏源：《圣武记》卷一，第9页。
〔2〕　《满洲实录》卷二，满汉蒙三体合璧本，第176—177页。
〔3〕　《清太祖武皇帝实录》卷二，第7叶。

深远的影响。

创建八旗　八旗制度是满洲最为根本、最具特色的社会制度。女真部民凝聚、扩大、发展、崛兴，就像一张撒开的大网，如何找到一条纲，纲举目张，将社会力量，统合而为一？努尔哈赤在万历四十三年（1615），找到了这条纲，就是创立八旗制度。史载：

> 上既削平诸国，每三百人，设一牛录额真，五牛录设一甲喇额真，五甲喇设一固山额真，每固山额真左右设两梅勒额真。初设有四旗，旗以纯色为别，曰黄、曰红、曰蓝、曰白，至是添设四旗，参用其色镶之，共为八旗。[1]

八旗制度，不仅是军事制度，也是政治、行政、经济、司法、宗族等的管理制度。后金的八旗制度与金朝的猛安谋克制度有相似之处，却是更严密、更全面、更有效、更牢固的社会制度。八旗制度是把女真社会精英和部民，从涣散、分隔状态，以军事组织形式，进行统合，加以编制，而成为后金社会的金纽带。通过八旗制度这条金纽带，将分散的女真部民，统合、统制、统一、统领，而形成一个巨大铁拳。这是清太祖努尔哈赤的一大创新、一大贡献。

八旗制度产生的文化根源，在于女真部落的森林围猎习俗。于此，《满洲实录》记载：

> 前此，凡遇行师出猎，不论人之多寡，照依族寨而行。

―――――――――

[1]《清太祖高皇帝实录》卷四，第20页。

满洲人出猎开围之际，各出箭一枝，十人中立一总领，属九人而行，各照方向，不许错乱。此总领，呼为牛录（汉语大箭）额真（额真，汉语主也）。于是，以牛录额真为官名。[1]

而后，随着后金－清朝的发展，逐渐形成八旗制度——八旗满洲、八旗蒙古、八旗汉军，但统称之为八旗。[2]

树有枝叶，更有根本；人有躯体，更有灵魂。八旗制度于满洲、于大清犹如树之根本、人之灵魂。这个制度的兴盛衰亡与大清的兴盛衰亡同步。最能反映满洲属于森林文化的制度表征，就是八旗制度。清朝兴也八旗，清朝亡也八旗。这是满洲、大清的生命所在，灵魂所依。后面将要反复地、不断地进行剖析和论述。

努尔哈赤统合女真事业的发展，既需要建立后金基地，更需要建立后金政权。

三 建立后金

努尔哈赤建立后金政权，既是建州女真史上、更是森林文化发展史上一个划时代的事件。为建立后金，努尔哈赤做了创制满文和创建八旗（前文已述）等几件大事。

建州女真自明初南迁以来，经过了百年磨难，百年生聚，百年发展。自努尔哈赤起兵，三十年时间，一步一步地先统合女真

---

〔1〕《满洲实录》卷三，满汉蒙三体合璧本，第33—36页。

〔2〕 阎崇年：《清朝开国史》上卷"创建八旗"。

内部力量，继统合临近蒙古各部力量，再统合部分汉人的力量，其地域、人口、经济、文化——文化的力量，终于创制满文，创编八旗，创立基地，创建政权——既是森林文化与农耕文化、草原文化相融合的成果，也是森林帝国进行文化统合的成果。努尔哈赤已经有了一个基地：这个基地，有文字、有军队、有土地、有人才、有部民、有税收、有祖庙、有制度、有政权、有年号、有国号、有版图。因此，水到渠成、瓜熟蒂落——建立后金政权。

明万历四十四年（1616）正月初一日，努尔哈赤在赫图阿拉，建立后金政权。史载：

> 壬申（初一日），四大贝勒代善、阿敏、莽古尔泰、皇太极，及八旗贝勒大臣，率群臣集殿前，分八旗序立。上升殿，登御座。众贝勒大臣，率群臣跪。八大臣出班，跪进表章。近侍侍卫阿敦、巴克什额尔德尼接表。额尔德尼跪上前，宣读表文，尊上为"覆育列国英明皇帝"。于是，上乃降御座，焚香告天，率贝勒诸臣行三跪九叩首礼。上复升御座。众贝勒大臣，各率本旗，行庆贺礼。建元天命，以是年为天命元年。时上年五十有八。[1]

由上述记载可见：

第一，国号。上述政权称作金、大金，习称后金。女真人以深厚的森林文化为底蕴，汲取草原文化、农耕文化的营养，在北中国大地上，于千年历史长河中，建立起森林文化政权，特别是大金政权，后来又经过五百年奋争，进而以后金－大清

---

[1]《清太祖高皇帝实录》卷五，第1—2页。

的国号，成为中国皇朝史上最后一个帝国。

第二，年号。以天命作为年号。从此，后金的历史有了自己的纪年。

第三，元首。努尔哈赤自践汗位，黄衣称朕，被尊为"覆育列国英明皇帝"。

第四，政府。时开国五大臣多已年老负伤，不久逐年谢世，舒尔哈齐和褚英都已不在人间，于是努尔哈赤及其四大贝勒——代善、阿敏、莽古尔泰、皇太极，成为后金政权最高领导核心。阿敏死后由其弟济尔哈朗取代其位。并设立理事官制度："（国人）凡有听断之事，先经扎尔固齐十人审问；然后言于五臣，五臣再加审问；然后言于诸贝勒，众议既定，奏明三覆审之事；犹恐尚有冤抑，令讼者跪上前，更详问之，明核是非。"〔1〕

第五，军政。利用军政合一的八旗制度，通过固山、甲喇、牛录三级，军事上相当于军、师、团，行政上相当于省、府、县，将女真－满洲军民加以组织，成为军政合一的坚固整体。

第六，国都。后金第一个都城为赫图阿拉，被清尊为兴京，即兴起的都城，作为后金军事、行政、经济、文化的中心。

第七，策略。努尔哈赤同明朝的关系：初始，只称臣、不称雄；继而，明称臣、暗称雄；尔后，既称臣、又称雄；最后，不称臣、只称雄。〔2〕总之，努尔哈赤采取了既称臣又称雄的动态策略，暗自坐大，形成气候，建元称汗，挑战明朝。

---

〔1〕《清太祖高皇帝实录》卷四，第21页。

〔2〕 阎崇年：《努尔哈赤传》（"阎崇年集"），中国友谊出版公司，2014年，第13页。

　　第八，意义。女真后金政权的建立，这是中华五千年森林文化史上的重大事件，也是中华两千多年帝制史上一个划时代的重大事件！

　　努尔哈赤建立的后金政权，反映了森林文化与农耕文化、草原文化的统合，呈现出物质生活和精神生活的文化三元性。

　　后金政权建立之后，并未声张，明廷不知，朝鲜也不知。努尔哈赤的政治智慧，转移到东北地域内的统一，兵锋直指明朝在东北区域的统治。天命三年即明万历四十六年（1618），后金军突袭抚顺，拉开后金与明朝三次大战的序幕。三次大战，即后金与明朝进行的萨尔浒大战、沈辽大战和广宁大战。

　　天命三年即明万历四十六年，后金汗努尔哈赤，公然挑战明朝，进攻抚顺。抚顺，今辽宁省抚顺市。这里处于女真林区与汉族农区、森林文化与农耕文化的接合部。明朝在赫图阿拉的西北和西南各约二百里的抚顺和清河驻军。明建抚顺城，设抚顺所，游击李永芳率军镇守；在清河，也设军驻守。

　　先取抚顺。努尔哈赤善于以计智取、内应外攻的诡谋。这年四月十五日，努尔哈赤先一日扬言：明日有三千人到抚顺马市做生意。至时，货物里藏有兵器。城内细作，城外大兵，突然交合，守将投降，取得抚顺。

　　继取清河。清河城，今辽宁省本溪市清河镇。八旗军向清河，打败守军，破清河城。

　　努尔哈赤的连续举兵"犯顺"，震惊庙堂。万历皇帝和朝廷会议决定：万历四十七年即天命四年（1619）三月初一日，以杨镐为统帅，调动十余万大军，号称四十七万，并征朝鲜军一万余人，兵分四路，分进合击，指向赫图阿拉，进行围剿，犁庭扫穴。

萨尔浒大战　明出兵之前，军期已泄露。努尔哈赤既没有采取兵分四路——黄红白蓝，两旗一路，立军令状，分兵阻击，拼死御守；也没有采取坚壁清野，避其锋芒，隐蔽主力，藏于深山；而是采取"恁尔几路来，我只一路去"，[1]就是集中兵力、各个击破的战术。

至时，明西路杜松总兵率二万多官兵先到，后金集中六个旗官兵，以逸待劳，以主击客，在萨尔浒地带，杜松等身死，全军覆没；次日，北路马林总兵率两万多兵到，后金又以六个旗兵力，将马林部分列的三营，分割包围，先以两旗吃其一营，再以四旗吃其一营，最后以六旗再吃其一营。马林全军覆没，只身逃出；第三天休整。第四天迎战刘綎总兵统率的东路军，包括一万多朝鲜军。后金军沿其必经之路——阿布达里岗山谷两侧山麓设伏，东路军入伏。刘綎乘马挥转一百二十斤大刀，但寡不敌众，被一刀将面部劈掉一半，仍奋力拼搏，力竭而死，朝鲜军全部投降；又次日，南路李如柏总兵率军临近，接到三路兵败军报，全军大乱，遭到截击，自相践踏。此役五天，因先有萨尔浒兵败，而被称作萨尔浒大战。这是中国、也是世界军事史上以少胜多、以弱胜强、速战速决、干脆利落的一个典型战例。

明军萨尔浒大败之因，在于八个失当：统帅选人失当，进军时机失当，行军路线失当，总兵用人失当，言官督催失当，先泄师期失当，四路协调失当，朝廷决策失当。

八旗军乘胜，陷开原，下铁岭。进而将军事目标指向明朝辽东重镇沈阳与辽东首府辽阳。

---

〔1〕　夏允彝:《幸存录·东彝大略》卷一五,《明季稗史初编》本, 第10页。

天命六年即明天启元年（1621），时值明朝帝位更替，辽东灾荒，后金决定进攻沈阳。

沈辽大战　沈阳是明在辽东的重要卫城，位于辽河平原的枢纽之地，城高池深，兵强马壮，粮草充裕，防守坚固，有明以来，从未失守。三月十二日，努尔哈赤亲率七八万八旗军，突抵沈阳城外。翌日，八旗军挑战。本来明军闭城固守坚持一周，八旗大军自然撤退。因为八旗军没有后勤补给，官兵自带干粮，来回路程四天，能坚持作战几天？但沈阳守军贺世贤总兵，命放下吊桥，打开城门，乘着酒醉，骑马冲出；几个回合，遭敌包围，乱箭四射，中四十余矢，坠马身亡，部众溃散。总兵尤世功率兵出援，士卒哄散，马仆身死。援军四集，不敌而败。外部攻城，内应开门，坚城沈阳，竟然陷落。

后金夺取沈阳后的第五天，即三月十八日，努尔哈赤集诸贝勒大臣道："沈阳已拔，敌兵大败，可率大兵，乘势长驱，以取辽阳。"[1]努尔哈赤马不停蹄，同月十八日，兵临辽阳城下。

辽阳，先是契丹辽朝、女真金朝的东京。明时为辽东首府，辽东经略驻地。同月十九日，八旗军包围辽阳。明进士出身的辽东经略袁应泰，没有汲取沈阳失守的教训，坚壁清野，闭城固守，而是督率守御的五位总兵出城结阵，与八旗军对垒。袁应泰出城总指挥，并夜驻城外营帐中。翌日，八旗军野战进攻，袁应泰退守城中。二十一日，后金军外攻内应，攻陷辽阳。袁应泰南向遥拜，登楼自焚死。[2]后金军攻占辽阳。随之连下辽

---

〔1〕《满洲实录》卷六，满汉蒙三体合璧本，第203页。

〔2〕《明熹宗实录》卷八，天启元年三月壬戌，"中央研究院"历史语言研究所校勘本，1962年，第12页。

河以东大小七十余城堡。下令剃发，以示归顺。

广宁大战　明失陷沈、辽后，辽西局势，十分紧张。新任辽东经略熊廷弼出"三方布置"策、辽东巡抚王化贞出"沿辽河百里一字布防策"，拟调三十万军队沿河防守。天命七年即明天启二年（1622）正月二十日，后金军渡辽河，进辽西。先经激战，获取胜利。再兵临广宁城外。明广宁守军逃散，巡抚王化贞也出逃。后金军未发一矢，未放一炮，占领辽西重镇、辽东巡抚驻地——广宁。

以上三战，是后金与明朝在辽东攻防形势的历史转折点，建州女真二百年来，始终在山林地区，过着以渔猎采集为主的森林文化生活。从此，进入并占有广阔辽河下游平原，进入农耕经济地域。随之，后金迁都沈阳。

后金第一个都城是赫图阿拉。在占领辽阳的当天，努尔哈赤决定迁都辽阳。辽阳位于辽东山林之地与辽河平原的接合部，是森林文化与农耕文化相邻之地。《盛京通志》略谓：

> 东京之地，以辽阳为屏蔽，以浑河为襟带。北接开原、铁岭，南连海城、盖平，山林蕃薪木之利，沮泽沃水族之饶。我太祖高皇帝创业之初，筑城于此，一以经画宁、锦，一以控制沈、辽。[1]

显然，首先看重的是"山林蕃薪木之利，沮泽沃水族之饶"，其次才是"经画宁、锦，控制沈、辽"。兴筑东京城，实行旗、民分城居住，即旗人住新城，民人住老城。如同契丹辽

---

[1]《盛京通志》卷一八《京城志》，清乾隆元年（1736）刻本。

朝的契丹与汉人分城居住的旧例。辽阳，清尊称东京，即东部的京城。

天命十年即明天启五年（1625）三月初一日，努尔哈赤突然决定迁都沈阳。诸王大臣以新京初建，迁都劳民而谏阻。后金汗解释迁都沈阳之原因：

> 沈阳形胜之地。西征明，由都尔鼻渡辽河，路直且近。北征蒙古，二、三日可至。南征朝鲜，可由清河路以进。且于浑河、苏克苏浒河之上流伐木，顺流下，以之治宫室、为薪，不可胜用也。时而出猎，山近兽多。河中水族，亦可捕而取之。朕筹此熟矣，汝等宁不计及耶！[1]

上述阐释，突出两点：

其一，于政治，对明朝、蒙古、朝鲜都交通便利，路途较近，有利进取，以便发展。

其二，于文化，突出"山林渔猎"四个字。具体而言：山林伐树，可为材薪；山近兽多，可以狩猎；河中水产，可以捕食。

努尔哈赤迁都辽阳、沈阳表明，森林文化虽然已经开始统合草原文化和农耕文化，但这并非后金政治的主流。相反，森林文化的发展视角仍然以内向为主，辽、沈的主要经济考虑仍是渔猎经济。

然而，诸王贝勒还是不从。成大业者，不谋于众。努尔哈赤是意志刚强之人，一旦决定，绝不妥协。三月初三日，他带

---

[1]《清太祖高皇帝实录》卷九，第10—11页。

领侍卫，出东京城，夜宿虎皮驿；初四日，到沈阳。诸王贝勒见势，也紧跟到沈阳。努尔哈赤在沈阳兴建宫殿——大政殿与十王亭等建筑，奠下盛京宫殿坛庙的规制与格局。后清尊称沈阳为盛京，即清朝走向兴盛的京城。

努尔哈赤迁都沈阳，就文化而言，从山林之城兴京，到半山林之城东京，再到平原之城盛京，离森林愈来愈远，离平原愈来愈近，离草原也愈来愈近，从而有利于森林文化同草原文化、农耕文化的接合与交融；就政治而言，其历史意义远大于魏孝文帝从大同迁都洛阳，金海陵王从上京会宁迁都中都（今北京），其中一个证据是北魏、金朝都不过是半壁山河，而后金-清却发展成为大一统的清帝国。

四　国号大清

皇太极继承努尔哈赤的事业，改族名为满洲、改国号为大清，将森林文化的发展视角由以内向为主、文化一元为主，调整为外向为主、文化多元为主，加强了森林文化与草原文化、农耕文化的统合。其动力在于：皇太极要与明朝争逐天下，仅靠森林文化自身力量是不足以抗衡其他四种文化的，必须通过借鉴、联盟、统合等方式壮大自己。皇太极时期的重大事件，分条列目，加以阐述。

其一，调整政策。先是，天命十一年即明天启六年（1626）一月，努尔哈赤率军攻打明袁崇焕坚守的宁远（今兴城），遭到失败，异常郁闷，八月十一日，崩逝，享年六十八。初谥清太祖武皇帝，后谥清太祖高皇帝。其第八子皇太极（1592—1643），为第四大贝勒。时没有依照汉族皇位沿袭嫡长继承制，而是按照满洲众议共推家法，经诸王贝勒会议，公推皇太极为后金汗。皇太极继位后，改年号为天聪。他既继承乃父遗策，又加以调整更新。

于政治，强化皇权，废除"四尊佛"——四大贝勒并坐，而为大汗"南面独坐"；学习农耕文明的政治制度，仿明设立内三院（内阁）、六部——吏户礼兵刑工，设置都察院和理藩院等机构。重视利用汉人智囊团，如范文程和洪承畴参与制定国策。

于经济，其父进入辽沈地域后，实行"计丁授田"，圈占大量民地，分给八旗官兵及其眷属，大量土地被掠夺，大批汉人沦为农奴。皇太极禁止随便占地，满汉分别屯居；重视农业发展，如保护耕牛，不许屠杀耕牛食用，后宫廷膳食中没有牛肉食材。

于军事，组建八旗蒙古和八旗汉军，加上原有八旗满洲，而成为拥有八旗满洲、八旗蒙古、八旗汉军共二十四旗的新八旗军队；改善军事技术，建立"重军"，即组建火器部队；引进、研发、铸造西洋大炮等，取得重大的技术突破和军制突破。

于文化，改进老满文为新满文，翻译汉文典籍，如《大明会典》《资治通鉴》《金史》《三国演义》等；优礼汉官汉儒，初行开科取士；并参照汉制，大兴沈阳宫殿，包括凤凰楼和清宁宫等宫廷建筑；推动满汉文化融合。

于民族，加强满蒙联盟，调整原"重满抑汉"政策，改善汉人地位，不杀投降军民，更定离主条例等。

这些政策的调整，缓和了满汉矛盾，加速了森林文化与农耕文化在碰撞中融合。

经过上述调整，清政权虽然尚未入关，但已发展为以森林文化为枢纽、统合农耕文化和草原文化的三元文化，这是森林帝国的雏形。这一雏形出现的标志，是皇太极改族名为满洲，改国号为大清，以包容新民族共同体内族群和文化的多元性。

其二，开疆拓土。清太宗皇太极四面用兵，开拓疆土，巩固政权，统合文化：

东面，与朝鲜结盟。朝鲜是明朝的盟友，天聪元年即明天启七年（1627），皇太极为解除后顾之忧，拆散明朝与朝鲜的联盟，洗雪朝鲜丁亥、己亥、己未三次与建州为难的历史旧恨，消除明将毛文龙的后援，派二贝勒阿敏、贝勒岳讬等率军渡鸭绿江，到达平壤，与朝鲜国王签订"兄弟之盟"；[1]后再次盟誓，[2]方令撤兵。是为皇太极第一次出兵朝鲜，该年为丁卯年，史称丁卯之役。崇德元年即崇祯九年（1636），皇太极亲率八旗大军，过鸭绿江，围攻朝鲜南汉山城，后在三田渡[3]受其国王李倧之降，与朝鲜签订"君臣之盟"。[4]是为皇太极第二次出兵朝鲜，该年为丙子年，史称丙子之役。皇太极回师途中，派军攻取毛文龙所遗留之皮岛，[5]了结皮岛15年纠结明清之局，切断朝鲜与明朝联系的最后一条纽带。从此，朝鲜国王受清册封、用清年号。这是当年隋炀帝和唐太宗所没有做到的。由此，清军西攻、北讨、南进而无东顾之忧。

西面：三征林丹汗。林丹汗是察哈尔蒙古大汗，自称全蒙

---

〔1〕《李朝仁祖大王实录》卷一五，五年三月庚午，日本学习院东洋文化研究所刊印，1959年，第50页。

〔2〕《清太宗文皇帝实录》卷二，天聪元年三月辛巳，第19页。

〔3〕 阎崇年：《清朝开国史》下卷，第336页。

〔4〕《清太宗文皇帝实录》卷三三，崇德二年正月庚午，第34页。

〔5〕《李朝仁祖大王实录》卷三四，十五年四月癸巳，第46页。

古大汗，实际与明结盟，对抗后金。皇太极三次发兵征讨林丹汗。其第三次，在天聪九年即明崇祯八年（1635），皇太极派多尔衮等率军进攻察哈尔林丹汗。林丹汗兵败西逃，走死青海打草滩。多尔衮受林丹汗遗孀苏泰太后及其子额哲之降，并获"传国宝玺"。[1]皇太极随之相继改族名为满洲、更国号为大清。察哈尔部是漠南蒙古的核心和主体，林丹汗之死及其妻子降清，标志着漠南蒙古完全归附大清。皇太极继其父推行联姻、编旗、封赏、重教等举措，实现满蒙文化融合。

北面：进军索伦地域。索伦是黑龙江中上游流域诸部落的总称，包括索伦（鄂温克）、达呼尔（达斡尔）、虎尔哈、鄂伦春、茂明安、毕喇尔等部族或部落。其狩猎地带，西达齐洛台（赤塔）、贝加尔湖南，东至雅库茨克，世代居住在黑龙江地域。满洲兴起后，许多部落投附后金，但索伦部博穆博果尔降而不服，皇太极两次发兵征讨。

努尔哈赤、皇太极父子在黑龙江中游地区多次大规模用兵，举四次为例：

第一次，后金在黑龙江索伦等地区的最初用兵，是天命元年即明万历四十四年（1616）七月，后金派兵征讨萨哈连部。扈尔汉、安费扬古率兵二千人，水陆兼程，历时一个月，到达目的地。共夺取黑龙江中游两岸三十六个屯寨。时大江结冰，从江北面，履冰渡江，九月返回。

第二次，天聪八年即明崇祯七年（1634）十二月初十日，皇太极派梅勒章京霸奇兰、甲喇章京萨穆什喀等，"率章京

---

[1]　《清太宗文皇帝实录》卷二四，天聪九年八月庚辰，第9页。

四十一员、[1]兵二千五百人,往征黑龙江地方"。[2]

大军出行前,皇太极谕曰:

> 尔等此行,道路遥远,务奋力直前,慎毋惮劳,而稍息也。俘获之人,须用善言抚慰,饮食甘苦,一体共之。则人无疑畏,归附必众。且此地人民,语音与我国同,携之而来,皆可以为我用。攻略时,宜语之曰:"尔之先世,本皆我一国之人,载籍甚明,尔等向未之知,是以甘于自外。我皇上久欲遣人,详为开示,特时有未暇耳!今日之来,盖为尔等计也。"如此谕之,彼有不翻然来归者乎?尔等其勉体朕意。[3]

到天聪九年即明崇祯八年(1635)四月十四日,霸奇兰等赍书奏捷:收服编户壮丁二千四百八十有三,人口共七千三百有二。所有牲畜,马八百五十六、牛五百四十三、驴八。又俘获妇女、幼稚一百十六人,马二十四、牛十七,及貂皮、狼皮、狐皮、猞猁狲皮,并水獭、骚鼠、青鼠、白兔等皮三千一百四十有奇,皮裘十五领。[4]五月初六日,霸奇兰等回到盛京,举行庆典。

第三次,崇德四年即明崇祯十二年(1639)十一月,皇太极派军远征索伦部的博穆博果尔。大兵至铎陈、阿萨津、雅克萨、多金等城。其地在黑龙江中游北岸,今黑龙江黑河爱辉北

---

[1]《清太宗文皇帝实录》天聪九年五月丙辰作"章京四十四员"。
[2]《清太宗文皇帝实录》卷二一,天聪八年十二月壬辰,第9页。
[3]《清太宗文皇帝实录》卷二一,天聪八年十二月壬辰,第10页。
[4]《清太宗文皇帝实录》卷二三,天聪九年四月癸巳,第5页。

江东六十四屯地带。大军取得战绩，但未能捉获博穆博果尔。大兵占领雅克萨、尼布楚，前锋到石勒喀河、达齐洛台（赤塔）及贝加尔湖以东地带。[1]

第四次，崇德五年即明崇祯十三年（1640）七月发兵，皇太极设计"南攻北截"的兵略，即从南面进攻，北面由蒙古在齐洛台地方阻截。果然，博穆博果尔受到南面攻击，往北逃逸，而被俘获。此事，《清太宗实录》记载：

> 出征索伦部落席特库、济席哈，遣归痕戴青孟格图、艾达汉、迈图等，以擒获博穆博果尔奏报："于甘地，获男子一百七十四名，斩十一人，逃一人。于齐洛台地方，获博穆博果尔，及男子八十人，斩二人，死者二人，共计见存二百三十一人，见在妇女、幼稚共七百二十五名口。二处共得马七百一十七匹（今止存六百五十四）、牛一百二十七头。"[2]

皇太极多次在黑龙江中游等地区用兵，征抚、降抚、投抚的部民，带领回来，编丁入旗，而组成"有索伦兵、锡伯兵、达瑚尔兵、鄂伦春兵、卦勒察兵，共编佐领九十有七，皆打牲部落，异于游牧之蒙古"。[3]这充分表明，努尔哈赤、皇太极父子继在乌苏里江及其以东滨海地域，从明朝接管这一地区的管辖权之后，又开始对黑龙江中游地区行使管辖之权。

---

〔1〕 阎崇年：《皇太极经营索伦辨》，载《阎崇年自选集》，九州出版社，2016年，第50页。

〔2〕 《清太宗文皇帝实录》卷五三，崇德五年十二月己未，第20页。

〔3〕 魏源：《圣武记》卷一，第9页。

其时，俄国势力尚未到达上述地区，所以皇太极在这一地域的势力范围，达到元朝和明朝盛时奴儿干都指挥使司的辖域。

南面：皇太极先后七次或率军或派军破塞入关，进攻明朝。[1]最南攻破山东济南府城，兵锋到过黄河以南。皇太极兵入中原，掳掠财物，破坏秩序，给中原人民造成苦难。明朝在山海关外，仅剩下宁远（今兴城）一座孤城。

皇太极四面用兵，极力进取，到清军入关前，原明朝奴儿干都司、辽东都司东北辖境（除宁远孤城外）和漠南蒙古（内蒙古），都归于清初的版图。

其三，整编八旗。皇太极在原有八旗满洲基础上，逐渐扩建和整编八旗，设立八旗蒙古、八旗汉军。八旗旗主与统军固山，逐渐分离，强化皇权。建立重军"乌真超哈"，即当时最先进火器部队等。整编后的八旗，在军事上具有满、蒙、汉三元文化因素。这为清军入关，底定中原，绥服蒙古，奠定了重要基础。

其四，文化四元。皇太极以森林文化为根基，不仅极力吸收农耕、草原文化，而且极力汲取高原文化、藏传佛教。先是，努尔哈赤在接见朝鲜申忠一时项戴念珠，后兴建佛寺，并对到辽阳的乌斯藏大喇嘛干禄打儿罕囊素倍加礼遇。该大喇嘛圆寂后，修建宝塔，以示礼敬。皇太极则与西藏达赖喇嘛有信件往来。在崇德七年即明崇祯十五年（1642），西藏五世达赖喇嘛派遣使团前往盛京（今沈阳），觐见皇太极，带去藏巴汗、四世班禅等写给皇太极的信件。翌年，使团返回西藏，带回皇太极写给前述政教首领的圣旨，敦请其会晤。[2]沈阳的盛京宫庙坛寺规划，受西

---

〔1〕 阎崇年：《清朝开国史》下卷，第187页。

〔2〕 《敦请萨迦法王会晤圣旨》（满文藏文合璧），西藏自治区博物馆藏。

藏高原文化影响，如按藏传佛教曼陀罗（坛城）佛理，除兴建皇宫，还兴建四塔。达赖喇嘛称盛京为"莲花之城"。达赖喇嘛尊称皇太极为"曼殊师利大皇帝"。盛京寺塔由喇嘛悉不遮朝儿吉、毕力兔朗苏等相度鸠工，按曼陀罗仪礼规则建造。[1]其四方四塔，"闻当时有喇嘛善堪舆者云，'四塔全，当一统'。后果如其言。"[2]盛京以皇宫为中心，内有八旗环卫，外有四塔镇护。

皇太极还在沈阳兴建莲华净土实胜寺，又称实胜寺，规模宏大，建筑伟丽。寺于崇德元年（1636）兴工，崇德三年（1638）落成。皇太极亲自出席实胜寺告成盛典，率众行三跪九叩大礼。寺内供奉嘛哈噶喇佛（玛哈噶喇佛）。此佛来历，据载元世祖时，西藏宗喀巴用千金铸嘛哈噶喇佛像。后尊奉在五台山佛寺。又尊移奉于察哈尔林丹汗处。再移奉于盛京实胜寺内。实胜寺"东西建石碑二：东一碑，前镌满洲字，后镌汉字；西一碑，前镌蒙古字，后镌图白忒字"[3]。

以上，反映皇太极改国号为大清后，满洲文化趋向于满、汉、蒙、藏的四元性特点。这为清入关后，顺、康、雍、乾时农耕、森林、草原、高原文化的四元统合，开启先河，奠下根因。

其五，国号大清。皇太极改族名"诸申（女真）"为"满洲"，改国名"后金"为"大清"，是建立满洲森林帝国的政治象征。

后金经过多年征抚，不仅已经吞并哈达、辉发、乌拉、叶赫，而且重新整合东海女真、黑龙江女真。还有大量汉人、蒙古人、朝鲜人、锡伯人、达斡尔人、鄂伦春人、鄂温克人、虎

〔1〕　姜念思：《沈阳史话》，沈阳出版社，2017 年，第 188—189 页。
〔2〕　吴振棫：《养吉斋丛录·余录》，北京出版社，1983 年，第 285 页。
〔3〕　《清太宗文皇帝实录》卷四三，崇德三年八月壬寅，第 7 页。

尔哈人、赫哲人等，同满洲文化融合，民族成分变化极大，从
而形成为一个新的民族共同体。这个新民族共同体，需要众人
认同的族名。为此，天聪九年即明崇祯八年（1635）十月十三日
（公历 11 月 22 日），皇太极发布关于改族名为满洲的《汗谕》：

> 我国原有满洲、哈达、乌喇、叶赫、辉发等名，向者
> 无知之人，往往称为诸申。夫诸申之号，乃席北超墨尔根
> 之裔，实与我国无涉。我国建号满洲，统绪绵远，相传奕
> 世。自今以后，一切人等，止称我国满洲原名，不得仍前
> 妄称。[1]

显然，为了反映和体现新的政治现实、新的民族现实、新
的文化现实和新的经济现实，需要对族名进行更改，加以规范。
然而，上述谕旨难解之处在于，"诸申"即"女真"，都是满文
jūsen 的汉文音译，皇太极何以认为它与金国无涉，而将"诸
申"说成是"席北超墨尔根之裔"？如果把这件《汗谕》，同翌
年皇太极改国号为"大清"《汗谕》相联系，似不难理解。因
为天聪十年（1636）四月十一日，改的是国号，而天聪九年
（1635）十月十三日，改的是族名，"国号"与"族名"，既有
联系，也有区别。金国对本族人称女真（有时译为诸申），对蒙
古族人称蒙古，对汉族人则称尼堪，这都属于习惯上的称谓。
为了适应新的形势，需要统合规范族名。皇太极在上述《汗谕》
中曰：女真人有满洲、哈达、乌拉、叶赫、辉发等名，用什么
族名来"称谓"、来"统一"、来"规范"？在上述满洲、哈达、

---

[1]《清太宗文皇帝实录》卷二五，天聪九年十月庚寅，第 19—20 页。

乌拉、叶赫、辉发等称谓中，后四名称，其部落已灭，其部神已消；只有满洲，是胜利者、是执政者、是主体者。因此，以"满洲"代替原来的泛称"诸申"，既顺应历史，也贴合现实。且在新的民族共同体中，除满洲、哈达、乌拉、叶赫、辉发之外，还包括有汉人、蒙古人、朝鲜人、索伦人、锡伯人等，显然用"诸申"作族名，也不完全妥当。而用胜利者部落——"满洲"作族名，各个方面，易于接受。至于诸申"乃席北超墨尔根之裔"，学界有异议，本书不讨论。其实，历史上的商周肃慎、秦汉挹娄、魏晋勿吉、隋唐靺鞨、辽金女真，也都是根据该族群酋长，到京城朝贡的记录，即以该部名称作为该部族名称。皇太极改族名为"满洲"与改国号为"大清"，都是为了建立新皇朝的政治之需、文化之需。

皇太极改国号"后金"为"大清"，具有重大政治与文化的意义。天聪十年即明崇祯九年（1636）四月乙酉（十一日）举行登极改元大典。于此，《清太宗实录》记载：

> 左班和硕墨尔根戴青贝勒多尔衮、科尔沁贝勒土谢图济农巴达礼，捧宝一，和硕额尔克楚虎尔贝勒多铎、和硕贝勒豪格捧宝一；右班和硕贝勒岳讬、察哈尔汗之子额驸额尔克孔果尔额哲捧宝一，贝勒杜度、都元帅孔有德，捧宝一，各以次跪献于上。上受宝，授内院官，置宝盒内……于是满洲、蒙古、汉官，捧三体表文，立于坛东，以上称尊号建国、改元事，宣示于众曰："我皇上应天顺人，聿修厥德，收服朝鲜，统一蒙古，更得玉玺，符瑞昭应，鸿名伟业，丕扬天下。是以内外诸贝勒大臣，同心推戴。敬上尊号曰：'宽温仁圣皇帝'，建国号曰'大清'，改

元为崇德元年。"〔1〕

从上述记载，可以看出：满洲、蒙古、汉人分别恭奉满、蒙、汉三体表文、分捧宝玺，共推皇太极为皇帝。

皇太极改族名为满洲，改国名为大清，登上皇帝宝座，表明满洲森林文化、蒙古草原文化、汉族农耕文化的统合，进入新的历史时期，森林帝国的历史进入成熟期。后金－清的版图，空前扩大。后金初建时的版图，东起鸭绿江、图们江，西到抚顺关外，南达清河北，北到黑龙江中游地域。经过天命、天聪、崇德三朝近三十年的开拓、扩张、经营，清的版图，东临日本海，西到青海，南界锦州、张家口，北达外兴安岭。崇德三年即明崇祯十一年（1638），皇太极说：

> 昔辽、金、元三国之主，当征战时，西伐厄讷忒黑，东抵朝鲜，北及黑龙江，南至于海，无远弗届。朕今日正与相等也。〔2〕

《圣武记》则评曰："天聪、崇德始臣绝域，际东北海，于是辽、金部落，咸并于满洲矣。"〔3〕

以上是说，皇太极改国号为大清时所管辖的疆土，东自鄂霍次克海，西迄贝加尔湖，南濒日本海，北跨外兴安岭的广阔地域，原明奴儿干都司、辽东都司（山东北部除外）和漠南蒙

〔1〕《清太宗文皇帝实录》卷二八，天聪十年四月乙酉，第 11 页。
〔2〕《清太宗文皇帝实录》卷四二，崇德三年七月丁卯，第 6 页。
〔3〕 魏源：《圣武记》卷一，第 8 页。

古（内蒙古）辖境内的各族群部民，都被置于后金－清的管辖之内。显然，新的地理现实，新的版图疆界，需要对后金国号进行变更。为此，皇太极发布《汗谕》道：

> 予缵承皇考太祖皇帝之业，嗣位以来，蒙天眷佑，自东北海滨，迄西北海滨，其间使犬、使鹿之邦，及产黑狐、黑貂之地，不事耕种、渔猎为生之俗，厄鲁特部落，以至斡难河源，远迩诸国，在在臣服。蒙古大元，及朝鲜国，悉入版图。于是举朝诸王大臣，及外藩臣服诸王等，合辞劝进。乃昭告天地，受号称尊，国号大清，改元崇德。[1]

皇太极承续努尔哈赤的遗业，改族名"诸申"为"满洲"、改国名"后金"为"大清"，表明满洲森林帝国的崛起。这成为大清帝国强盛并臻于顶峰的历史新起点。

---

〔1〕《清太宗文皇帝实录》卷六一，崇德七年六月辛丑，第3页。

第九章

鼎盛：康乾之治

努尔哈赤和皇太极在关外建立的森林帝国——后金-清，经过顺、康、雍、乾四代一个半世纪的血战与绥服，以森林文化与草原文化、高原文化和海洋文化特别是农耕文化相互碰撞与相互融合，并继承了中华文明的优秀传统，才逐渐地吞下并消化了明帝国的文化遗产，逐渐加以丰硕而强盛，创造了中华文化的新高峰。继汉、唐、明三个二百年以上统一皇朝之后，又一个二百年以上统一皇朝，屹立于东方，屹立于世界。

大清帝国臻于强盛、达到顶峰的一个时代性标志，是在乾隆二十七年（1762）十月十六日，中国历史发生了一个里程碑性的事件，就是清政府设立伊犁将军。于此，乾隆帝谕曰：

> 伊犁为新疆都会，现在驻兵屯田，自应设立将军，总管事务。昨已简用明瑞，往膺其任，着授为总管伊犁等处将军。所有敕印旗牌，该部照例颁给。[1]

----

〔1〕《清高宗纯皇帝实录》卷六七三，乾隆二十七年十月乙巳，中华书局影印本，1986年，第1页。

乾隆帝这件《上谕》，是清政府对新疆南北完全统一管辖的标志。清朝设立伊犁将军表明：清朝既完成新疆的再统一，也完成中华版图的再统一，从而中华帝国领土面积达一千四百万平方公里，成为当时东方疆土最为辽阔的大帝国。清政府对于新疆版图实行着全面有效、长期巩固的管辖。

清朝这个大局面、大局势的出现，经过了漫长而艰巨的历程，要从清朝迁都北京说起。

一　顺治迁都

顺治帝福临（1638—1661），为皇太极第九子，生母孝庄文太后。崇德八年即崇祯十六年（1643）八月初九日，皇太极白天理政，夜间突然发病崩逝。《清太宗实录》记载："是夜，亥刻，上无疾，端坐而崩。上在位十有七年，寿五十有二。"[1]庙堂毫无准备，亟待解决皇位归属。皇太极生前没有遗嘱，只有按照先例去做。先例，有体现农耕文化特点的汉族皇位嫡长继承制，有体现草原文化特点的蒙古大汗指定制，有体现森林文化特点的满洲贝勒大臣共议公推制。皇太极身后，既没有采纳汉族先例，也没有采用蒙古先例，而是采用自己的祖制。经过七王——礼亲王代善、郑亲王济尔哈朗、睿亲王多尔衮、肃亲王豪格和豫郡王多铎、英郡王阿济格、颖郡王阿达理，举行会议，会上会下，反复议商，决定由皇太极第九子、年仅六岁的

---

[1]《清太宗文皇帝实录》卷六五，崇德八年八月己巳，中华书局影印本，1985年，第41页。

福临继位，由多尔衮和济尔哈朗为辅政（后称摄政）。[1]改明年为顺治元年。

顺治元年即明崇祯十七年（1644）正月初一日，李自成在西安称帝。[2]随后，统兵东进，指向北京。三月十七日，李自成兵临北京城下。十八日，外攻内应，北京外城陷。十九日，北京内城陷。崇祯帝披发跣足，自缢而死，明祚结束。[3]李自成经大明门、承天门（天安门）、午门，入踞紫禁城。

先是，清摄政睿亲王多尔衮闻报，范文程上摄政王启曰：

> 乃者有明流寇，踞于西土。水陆诸寇，环于南服。兵民煽乱于北陲，我师燮伐其东鄙。四面受敌，其君若臣，安能相保耶？顾虽天数使然，良由我先皇帝忧勤肇造，诸王大臣祗承先帝成业，夹辅冲主，忠孝格于苍穹，上帝潜为启佑，此正欲摄政诸王，建功立业之会也！
>
> 窃惟成丕业以垂休万禩者，此时；失机会而贻悔将来者，亦此时！何以言之？中原百姓，蹇罹丧乱，荼苦已极，黔首无依，思择令主，以图乐业。虽间有一二婴城负固者，不过自为身家计，非为君效死也。是则明之受病种种，已不可治。河北一带，定属他人。其土地人民，不患不得，患得而不为我有耳。盖明之劲敌，惟在我国，而流寇复蹂躏中原，正如秦失其鹿，楚汉逐之。我国虽与明争天下，实与流寇角也。

---

〔1〕 阎崇年：《顺治帝继位考辨》，载《阎崇年自选集》。

〔2〕《明史》卷三〇九《李自成传》，中华书局点校本，1974年，第7963页。

〔3〕《明史》卷二四《庄烈帝纪》，第335页。

为今日计，我当任贤以抚众，使近悦远来；蠢兹流孽，亦将进而臣属于我。彼明之君，知我规模非复往昔，言归于好，亦未可知。倘不此之务，是徒劳我国之力，反为流寇驱民也。夫举已成之局而置之，后乃与流寇争，非长策矣！曩者，弃遵化，屠永平，两经深入而返，彼地官民，必以我为无大志，纵来归附，未必抚恤，因怀携贰，盖有之矣。然而，有已服者，有未服宜抚者，是当申严纪律，秋毫勿犯。复宣谕以昔日不守内地之由，及今进取中原之意。而官仍其职，民复其业，录其贤能，恤其无告，将见密迩者绥辑，逖听者风声，自翕然而向顺矣！

夫如是，则大河以北，可传檄而定也。河北一定，可令各城官吏，移其妻子，避患于我军，因以为质。又拔其德誉素著者，置之班行，俾各朝夕献纳，以资辅翼。王于众论中，择善酌行，则闻见可广，而政事有时措之宜矣。

此行，或直趋燕京，或相机攻取，要当于入边之后，山海、长城以西，择一坚城，顿兵而守，以为门户。我师往来，斯为甚便。惟摄政诸王察之。[1]

上述奏启宏文，594 字，透出范文程之智慧与谋略，高见与远筹。范文程既善于抓住时机："此正欲摄政诸王，建功立业之会也"——恳望直取燕京，千万不可错过良机；又善于制定政策："官仍其职，民复其业，录其贤能，恤其无告"——又告示不会以满洲森林文化强行替代中原农耕文化，而起到安定官

---

[1]《清世祖章皇帝实录》卷四，顺治元年四月辛酉，第3—4页。

民心理、恢复社会秩序的作用。在重大历史关头，范文程的智慧与谋略，令古今政治家惊叹和敬仰。清睿亲王多尔衮立即采纳。

四月初九日，多尔衮受顺治帝之命，统率八旗大军，鸣炮起行，日夜兼程，驰向山海关。寻多尔衮与吴三桂达成协议，清军进山海关。时李自成已兵临山海关。多尔衮率八旗军联合吴三桂所率明辽军，同李自成军展开山海关大战。李自成兵败，急退回京。多尔衮军与吴三桂军，紧追李自成军。二十六日，李自成败回北京。二十九日，李自成在武英殿举行即皇帝位典礼。三十日，李自成放火烧紫禁城宫殿，督率满载金银的败军撤离北京城。五月初三日，多尔衮未遇到抵抗，进入紫禁城。明清档案记载："京内官民，开门迎降。"[1]朝鲜官员目击记载："都民处处屯聚，以迎军兵，或持名帖来呈者有之，或门外瓶花焚香以迎者亦有之矣。"[2]

清军占领北京后，京城设在盛京还是北京？清诸王贝勒大臣发生争论：保守者英郡王阿济格主张回到盛京，进取者睿亲王多尔衮力斥其胞兄主张，坚持迁都北京。经过朝议，并经奏准，作出决策，迁都北京。九月十九日，顺治帝来到北京，入住紫禁城。十月初一日，顺治帝告祭天地宗社，举行登极大典。[3]从此，北京继元、明之后，又一次成为中国大一统皇朝的首都，且保留明朝北京紫禁宫殿。多尔衮于此作出重大历史贡献。

---

〔1〕《明清史料》甲编，第1本，中央研究院历史语言研究所刊印，1930年。

〔2〕《沈馆录》卷七，《辽海丛书》影印本，辽海出版社，1985年，第15页。

〔3〕《清世祖章皇帝实录》卷九，第1页。

清迁都北京后，迫切需要解决八旗官兵及其眷属生计中的吃饭和居住两大问题：

于吃饭，清廷在京畿地区等大量圈占土地，分给八旗官兵及其眷属，形成大量皇庄、官庄、旗庄、旗地，并规定由国库给八旗按人、按月长期终生发放钱粮。且旗人不工、不农、不商，从而后来逐渐形成一个庞大的寄生性集团。

于居住，圈占北京内城（今北京二环以里）全部官民房舍，分给八旗官兵及其眷属居住，原内城汉人等限期全部搬到外城居住（个别奉旨特准例外）。他们按八旗八方配置：两黄旗居北，镶黄旗在安定门内、正黄旗在德胜门内；两白旗居东，正白旗在东直门内、镶白旗在朝阳门内；两红旗居西，正红旗在西直门内、镶红旗在阜成门内；两蓝旗居南，正蓝旗在崇文门内、镶蓝旗在宣武门内。这是八旗森林围猎文化在京城旗人居住布局上的反映。在八旗驻防地，如西安、江宁、杭州、福州、广州、荆州、成都、青州等，都建立满城，实行满汉分城居住的政策。[1]

清摄政睿亲王多尔衮以上两大举措，仿效金代对猛安谋克的安置做法，给京城民众带来灾难性的动荡。同时，它给八旗带来利益和欢乐，也给清朝埋下困扰和隐患——既脱离森林文化的经济基础，又拒不与农耕文化交流融合，沦为国家负担，加速清朝灭亡。

顺治帝在位18年，所做最主要的一件事，就是底定中原。清军入关后，主要遇到两股军政势力的抵抗：一是南明四王的

---

[1] 清朝承续辽、金暨后金兴京、东京、盛京的做法，实行满汉分城居住的政策和制度。

反抗，二是李（自成）、张（献忠）余部的抵抗。到顺治十八年
（1661），上述两股抗清势力失败，中原大地，宣告统一。

但是，"顺治朝的十八年：剃发、易服、圈地、占房、投
充、逋逃，是其六大弊政；定鼎北京、保护皇宫，攻占南京、
统一中原，废除三饷、兴利除弊，亲善蒙古、治理西藏，惩治
贪官、整顿吏治，崇文兴教、倾心汉化，则是其六大功绩。历
史学家对这段历史的评价可以说是毁誉参半"。[1]这充分表明森
林文化与农耕文化既碰撞又统合的两面特点。

入关后的清朝，接受了明朝历史和文化的遗产，取代了明
朝276年的统治，那种认为"满洲人的清朝，取代成吉思汗的
子孙统治的中国"[2]的观点，是不符合历史事实的，也是扭曲
历史事实的。

顺治帝崩后，康熙帝继位，开启了康熙皇朝的历史。

二　康熙大政

康熙帝玄烨（1654—1722），为顺治帝第三子，八岁继位，
年号康熙，在位61年，终年69岁。《清史稿·圣祖纪》论曰：

> 早承大业，勤政爱民。经文纬武，寰宇一统，虽曰守
> 成，实同开创焉。圣学高深，崇儒重道。几暇格物，豁贯
> 天人，尤为古今所未觏。而久道化成，风移俗易，天下和

---

〔1〕　阎崇年：《正说清朝十二帝》，中华书局，2004年，第44页。
〔2〕　［日］冈田英弘著，陈心慧译，《中国文明的历史》，台湾八旗文化出版
　　　社，2016年，第192页。

乐，克致太平。[1]

以上 65 个字的评价，于康熙帝来说，比较贴切，不算过分。康熙帝是清朝历史上、也是中国皇朝历史上一位伟大的政治家，同时也是当时世界史上一位杰出的君主。后世称之为康熙大帝。我则称其为"千年一帝"。[2]

康熙大帝自身有着满洲、汉人、蒙古三种血缘，始终践行前辈狩猎文化的传统。如他说："朕自幼至今，凡用鸟枪、弓矢，获虎一百三十五、熊二十、豹二十五、猞猁狲十、麋鹿十四、狼九十六、野猪一百三十二，哨获之鹿凡数百。"[3]他最多一天"殪射五虎"或"射兔三百一十八"。

康熙帝最大的历史功绩在于，将满洲森林文化、汉族农耕文化、蒙古草原文化、西部高原文化、沿海海洋文化等，推促交汇，加以融合，而出现"康熙盛世"。具体分条，举例如下：

第一，于农耕文化，崇儒重道：康熙帝熟读儒家经典，如《大学》《中庸》《论语》《孟子》，皆能默诵，至老不忘。他亲自到孔庙祭拜，尊孔子为"万世师表"，并御制匾额颁行天下文庙。他熟读《资治通鉴》等史书，思索历代兴衰经验与教训。他尊重与推崇朱熹，亲自主编《朱子全书》，并御制序言。[4]

第二，于海洋文化，统一台湾：康熙帝力排众议，力主收

---

[1]　《清史稿》卷八《圣祖本纪》"论曰"，中华书局标点本，1976 年，第 305 页。

[2]　阎崇年：《康熙大帝》，中华书局，2008 年，第 287 页。

[3]　《清圣祖仁皇帝实录》卷二八五，康熙五十八年八月戊午，中华书局影印本，1985 年，第 7 页。

[4]　《清圣祖仁皇帝实录》卷二五五，康熙五十二年五月辛未，第 9 页。

复台湾。台湾收复后，有的大臣主张放弃台湾，任由"红毛"开发；但他采纳施琅建议，在台湾设府县、驻军队，开发台湾，融合文化。收复台湾，进行管辖，是对国家的一大贡献。他曾预见："海外如西洋等国，千百年后，中国恐受其累。此朕逆料之言。"他强调："国家承平日久，务须安不忘危。"[1]

第三，于草原文化，绥服蒙古：继清太祖绥服漠南蒙古东部，清太宗征服漠南蒙古之后，康熙帝完全统一喀尔喀蒙古（今蒙古国）。自秦始皇以来难解的匈奴、蒙古这道难题，被康熙帝解决了。他说："昔秦兴土石之工，修筑长城。我朝施恩于喀尔喀，使之防备朔方，较长城更为坚固。"[2]

第四，于高原文化，进兵安藏：顺治九年（1652）十月，五世达赖喇嘛到北京朝觐，受到隆重礼遇。翌年，顺治帝册封达赖喇嘛，并赐金册金印。五世达赖喇嘛圆寂后第巴秘不发丧。西藏发生内乱，清廷派兵入藏，平息乱象，稳定秩序，册封达赖和班禅，设立驻藏大臣。拉萨布达拉宫殊胜殿竖立长生牌位，上书："当今皇帝万岁万万岁"。"当今皇帝"指的是康熙皇帝。这是一个政治标志——西藏纳入清朝版图，僧俗权益，藏民生活，得到稳定。

第五，于民族气节，抗击外侵：先是，俄国哥萨克叶尔马克等一伙，在明万历九年（1581）侵占西伯利亚的西比利，后被当地人反击杀死。崇德八年即崇祯十六年（1643），俄人波雅科夫率兵侵入精奇里江（结雅河）流域，受到达斡尔人反击。到康熙时，这群匪帮，到雅克萨，掠财物，焚村屯，淫妇女，

---

〔1〕《清圣祖仁皇帝实录》卷二七〇，康熙五十五年十月壬子，第11页。

〔2〕《清圣祖仁皇帝实录》卷一五一，康熙三十年五月壬辰，第13页。

杀无辜。当地部民不断诉求，请求清廷加以保护。康熙帝削平三藩和统一台湾后，决定出兵雅克萨。他派萨布素为黑龙江将军，[1]统率军队于康熙二十四年（1685）和二十五年（1686），先后进行两次雅克萨自卫反击战，均取得胜利。康熙帝派索额图与俄国代表戈洛文在尼布楚举行谈判，签订中俄《尼布楚条约》。规定：格尔必齐河、额尔古纳河以东至海，外兴安岭以南，整个黑龙江流域、乌苏里江流域（包括库页岛）土地，归中国所有；双方进行贸易互市；两国永敦邦谊等。这是中国历史上同外国签订的第一个平等条约，表明康熙帝独立自主外交的胜利。此后，清朝在格尔必齐河口、额尔古纳河口，竖立用满、汉、蒙、俄、拉丁五种文字镌刻的石碑，又沿边设卡伦，定期巡查，归属黑龙江将军管辖。

第六，于对外交流，吸纳西学：康熙帝是中国皇朝史上第一位虚心、用心学习西方科技的君主。其内容包括数学、天文、历法、物理学、化学、生物学、医药学、音韵学、地理学、测绘学、人体解剖学等。他不但读书，而且做实验。有学术论著《几暇格物编》传世。开启一代学习西方文化之新风。

此外，康熙帝还有新建树、高修养，例如：

第七，治河兴农。中原为农耕文化，农作物仰赖土壤和雨水，黄河流域，非旱即涝，黄、淮、运诸河，须需治理。康熙帝六次南巡均与治河有关。经过二三十年治理，显见成效。时传入玉米、马铃薯、白薯（地瓜）等高产作物，对解决日益增长人口的粮食，起着重要作用。

---

〔1〕　阎崇年：《抗俄大将萨布素》，载《中国古代名将》，华文出版社，2018年，第355—368页。

第八，减免赋税。到康熙四十八年（1709）十一月，户部库存银5000万两，"时当承平，无军旅之费，又无土木工程，朕每年经费，极其节省，此存库银两，并无别用，去年蠲免钱粮至八百余万两，而所存尚多"。[1]康熙帝强调藏富于民，与其储于国库，不如储于民间。康熙朝减免天下钱粮共达545次之多，其中普免全国钱粮三次，计银1.5亿两。

第九，兴举文业。《翻译通鉴纲目》告成。康熙帝御制序文："朕于万几之暇，潜心六经，大义微言，孜孜殚究，以讲求古帝王治天下之大道。于纲目一书，朝夕起居之时，循环披览，手未释卷。以是考前代君臣得失之故，世运升降之由，纪纲法度之所以立，人心风俗之所由纯。事有关乎典常，言有裨乎治体者，靡不竟委穷源，详加论断，如是者有年矣。爰于内廷，设立书局，命翻译呈览。朕躬亲裁定，为之疏解。务期晓畅无遗，归于至当而后止。立有程课，自元旦以至岁除，未尝有一日之闲。即巡幸所至，亦必以卷帙自随，迄今三年有余。"[2]编辑印刷大量经史子集诸书。

第十，不上尊号。不准允群臣给自己尊加荣誉称号，先后十次：康熙二十年（1681），因平定三藩之乱，大臣奏请加上尊号，他一不准；两年之后，统一台湾，诸大臣请加上尊号，他二不准；康熙二十六年（1687），喀尔喀蒙古诸王等请加上尊号，他三不准；康熙二十九年（1690），达赖喇嘛等请加上尊号，他四不准；康熙三十年（1691），因多伦会盟，喀尔喀蒙古诸王请加上尊号，他五不准；康熙三十六年（1697），三征噶尔

---

〔1〕《清圣祖仁皇帝实录》卷二四〇，康熙四十八年十一月丙子，第3页。
〔2〕《清圣祖仁皇帝实录》卷一五〇，康熙三十年三月戊子，第17—18页。

丹胜利，群臣请加上尊号，他六不准；康熙四十二年（1703），以五十大寿，王公官民等又请加上尊号，他七不准；康熙五十年（1711），大臣以其御极五十年，功越三王、德越二帝，请加上尊号，他八不准；康熙五十一年（1712），群臣以六旬万寿，请加上尊号，他九不准；康熙六十年（1721），诸王大臣等以御极一甲子，亘古所无，纷纷吁请恭上尊号，他十不准。[1]

第十一，内省责己。就皇朝君主而言，康熙帝是一位内省自律、谦尊自奋的君主。康熙帝每临细事，必加详慎。他说："一事不谨，即贻四海之忧；一时不谨，即贻千百世之患。"[2]他面对朝臣的阿谀逢迎、敬献祥瑞，保持清醒头脑。如他拒绝出版御制治河文集。河道总督张鹏翮上疏"请以治河方略，敕下史馆，纂集成书，永远遵守"。他说："朕以河工紧要，凡前代有关河务之书无不披阅，大约泛论则易，而实行则难。河性无定，岂可执一法以治之？惟委任得人，相其机宜，而变通行之，方有益耳。今不计所言所行，后果有效与否，即编辑成书，欲令后人遵守，不但后人难以效行，揆之己心，亦难自信。"[3]他不准行。他为《明史》作御制文，指出自己"七个未能"："朕四十余年，孜孜求治，凡一事不妥，即归罪于朕。未尝一时不自责也。清夜自问：移风易俗，未能也；躬行实践，未能也；知人安民，未能也；家给人足，未能也；柔远能迩，未能也；治臻上理，未能也；言行相顾，未能也。自觉愧汗！"[4]他自谦说："朕实无学，每读朱子之书，见相古先民，学以为己，今

---

[1] 阎崇年：《康熙帝大传》，第283—284页。
[2] 《清圣祖仁皇帝实录》卷二七五，康熙五十六年十一月辛未，第6页。
[3] 《清圣祖仁皇帝实录》卷二〇三，康熙四十年三月丁酉，第11页。
[4] 《清圣祖仁皇帝实录》卷二一八，康熙四十三年十一月壬戌，第8页。

也不然，为人而已之句，罔不心悦诚服。"他说："责人重者责己轻，君子不取也。"〔1〕

第十二，逆向思维。康熙帝认为：书，既不可不信，也不可尽信。他擅长逆向思维、怀疑思维。他举例说："唐明皇焚珠玉于殿前。珠可焚毁，而玉亦可焚毁乎。"他又说："至治之世，风不鸣条，雨不破块。天地抑郁之气，赖风以散。若不鸣条，则风无力，何以鼓荡万物。农人垦田，尚欲深耕，令土破碎。若不破块，何以播种，而岁必荒矣。"他还说："囊萤读书。朕曾于热河取萤数百，盛以大囊，照书字画，竟不能辨。"康熙帝的结论是：此书之不可尽信者也。〔2〕

康熙帝执政最大的特点在于，既保持森林文化的传统，又统合中华多元文化，出现"康熙盛世"，奠下康、雍、乾之治的局面，其子孙继承并发展为大业。

三　雍乾文武

康熙帝崩逝后，其第四子胤禛继承皇位，改年号雍正，这就是雍正帝。他45岁继位，在位13年，享年58岁。雍正帝在漫长的皇子生活中，受到良好的儒家文化教育和熏陶。登上皇位之后，作出不凡举措：

其一，整顿吏治。雍正元年（1723）正月初一，没有进行常例朝拜大典，而是连发十一道上谕，谕总督、巡抚、布政使、按察使、学政、知府、知县、总兵等地方文武官员，要廉政奉

〔1〕《清圣祖仁皇帝实录》卷二一八，康熙四十三年十一月壬戌，第9页。
〔2〕《清圣祖仁皇帝实录》卷二九一，康熙六十年三月乙丑，第14页。

公、恪勤任事，否则"三尺俱在"。并清理仓库，严惩贪污。一时朝野震惊，一新上下吏风。

其二，豁免贱民。宋、元、明以来，遗留世袭贱民身份，如浙江惰民、北京乐户、广东疍民以及他地丐户等。朝廷谕令：开豁为民，编入正户。开豁人数虽然不多，却是千年遗风一次涤荡。

其三，巩固边陲。雍正帝继承先父未竟之业。在青海地区，蒙古和硕特部罗卜藏丹津，自称达赖浑台吉，进行分裂活动。雍正帝派兵平息，青海蒙古完全臣服于清。

其四，兴修园林。主要是圆明园，后经乾隆帝再修，使之成为闻名世界的"万园之园"。

但雍正帝晚年陷于迷信"长生不老"。苍天没有对他眷顾，事业未竟，病重而死。继位的是皇四子弘历，就是乾隆帝。

弘历 25 岁继位，在位 60 年，又做了 3 年多太上皇，才离开人世。是中国皇朝史上享年最高的皇帝。

乾隆帝的文武之业，主要体现在：

其一，新疆归清。乾隆帝自诩"十全武功"[1]，其中完全解决天山以北蒙古和天山以南维吾尔之难题，统一新疆，归属于清。这是汉、唐、明以来所未能完全做到的。

其二，蒙古归一。到乾隆朝中期，在亚洲地域的蒙古各部，包括漠南蒙古（内蒙古）、喀尔喀蒙古（外蒙古）、厄鲁特蒙古（西蒙古）和布利亚特蒙古（北蒙古），完全归附清朝，实行满蒙联盟，采取多种形式，进行有效管理。

---

[1] 所谓"十全武功"是"十功者，平准噶尔为二，定回部为一，扫金川为二，靖台湾为一，降缅甸、安南各一，即今二次受廓尔喀降，合为十"。

其三，管辖西藏。设立驻藏大臣，在西藏驻军，击败廓尔喀侵略，设金奔巴瓶，订立《西藏善后章程》等，清廷巩固了对西藏全面有效的管辖。

其四，兴举文业。乾隆帝会多种语言文字，著文千余篇、作诗四万余首，主持编修《四库全书》《五体清文鉴》《八旗通志》《满洲源流考》《满文大藏经》等，将汉、满、蒙、藏、维、回等文化推进到一个新的融合时代。

其五，人口大增。由于中原近百年没有大的战争，社会安定，经济发展，高产作物推广，康熙帝实行"盛世滋生人丁永不加赋"[1]政策，即取消人头税，加速人口增长——康熙朝到一亿，雍正朝到二亿，乾隆朝到三亿，道光朝则到四亿。

雍正帝、乾隆帝父子，继承其"三祖一宗"事业，继续文化统合，维系多元文化平衡，保持社会平稳而缓慢地运行。

四 康乾之治

在华夏历史上，曾出现被历史学家称誉的汉朝"文景之治"，文帝在位23年、景帝在位16年，合计为39年；唐朝"贞观之治"，唐太宗在位23年；明朝"仁宣之治"，仁宗在位1年，宣宗在位10年，合计11年。以上三个"之治"总共73年，虽然可贵，却太短暂。清朝的"康乾之治"，包括康熙、雍正、乾隆三朝，其中康熙朝如从平定"三藩之乱"算起，有41年；雍正帝在位13年；乾隆朝如从乾隆三十九年（1774）山东白莲教

---

[1]《清圣祖仁皇帝实录》卷二四九，康熙五十一年二月壬午，第11页。

王伦起事[1]为转折点，则有 39 年，总计为 93 年之久，创建出一个拥有草原区、森林区、农作区和高原区四根经济文化支柱的大清帝国。清朝到乾隆中期，臻于文化全盛，出现"康乾之治"。这在汉、唐、明、清四个大一统皇朝中，时间最长，也难能可贵。

此间，主要表现在政治、疆域、经济、民族、文化五个方面：

在政治方面，清朝实现国家大一统的局面，社会秩序比较协和安定。清朝实行"两京一庄"制，即北京、盛京和避暑山庄（含木兰围场）。北京为农耕文化的中心，盛京为森林文化的中心，避暑山庄（含木兰围场）为森林与草原、高原文化交汇之夏都。

在上述近百年间，中原地区没有战争。而汉有"七王之乱"、唐有"玄武门之变"、明有"靖难之役"等。又如，社会犯罪率相对较低。康熙十六年（1677）岁终决断死刑"不过十数人焉"。[2]这时平定三藩之乱战争正在进行，统计数字不能反映全国实情。到康熙四十五年（1706），全国统一，设十八个省，人口在一亿以上，全年死刑人数，"决一年之罪犯，减至二三十人。"[3]又如，清朝乾隆时人口、粮谷，据统计："各省通共大小男妇二万九千六百九十六万八千九百六十八名口。各省通共存仓米谷三千九百七十五万三千一百七十五石三斗三升三合零。"[4]

---

〔1〕《清高宗纯皇帝实录》卷九六七，乾隆三十九年九月庚午，第 18 页。

〔2〕《康熙起居注册》第 5 册，康熙十六年十二月三十日，中华书局影印本，2009 年。

〔3〕《康熙起居注册》第 27 册，康熙四十五年十二月三十日。

〔4〕《清高宗纯皇帝实录》卷一四九三，乾隆六十年十二月丁未，第 29 页。

总之，"康乾之治"成就了农耕、渔猎、游牧、高原等多元经济文化的大清帝国。

在疆域方面，清朝对所辖之疆域，到"康乾之治"时期，已经全面稳固、长期实际管辖。这主要包括如下几个方面。

农耕文化地域：主要是中原汉族地域。经过顺治、康熙（前期）约40年的经营，特别是平定三藩之乱以后，中原农耕文化地域，完全稳定下来，清朝确立了牢固的统治。此期，这一地域约有400万平方公里。

森林文化地域：主要是东北满洲族系等地域。明朝前期东北疆域北到黑龙江入海口（含库页岛），并设立奴儿干都指挥使司。清太祖、太宗、顺治、康熙四朝，完全接管明代奴儿干都指挥使司的辖域；并设立盛京（奉天）将军、吉林（乌拉）将军、黑龙江将军，实行八旗、府县、部落等不同管理体制，实行全面有效管辖。此期，这一地域约有300万平方公里。

草原文化地域：主要是蒙古地域，包括：（1）内蒙古（漠南蒙古），（2）今蒙古国（喀尔喀蒙古），（3）西蒙古（新疆天山以北厄鲁特蒙古），（4）北蒙古（布里亚特蒙古），蒙古渥巴锡率部从伏尔加河畔回归后，除了少数留在伏尔加河地域的土尔扈特（卡尔梅特）蒙古人外，全部蒙古都归属清朝，其地域有300多万平方公里。这在中国有文字记载以来是空前的。

高原文化地域：主要是青藏和云贵高原等地域。青藏高原250万平方公里，云贵高原50万平方公里。在藏区，顺治帝敕五世达赖喇嘛，康熙帝敕六世班禅额尔德尼以金册、金印、敕诰，在西藏驻军、设驻藏大臣，并定《西藏善后章程》、金奔巴瓶掣签等制度。达赖喇嘛、班禅额尔德尼、章嘉呼图克图、哲布尊丹巴呼图克图四大活佛等，其转世灵童由清廷册封。在云贵实行"改土归流"。高原文化区域总面积达 300 万平方公里，完全纳入清朝版图。

海洋文化地域：从黑龙江入海口、库页岛，经图们江入海口、鸭绿江入海口和辽河入海口，以及辽东湾、渤海、黄海、东海、南海——东沙群岛、西沙群岛、中沙群岛、南沙群岛及其附近岛屿，直至曾母暗沙，都在清朝管辖范围之内。台湾在明末清初被荷兰殖民者侵占。南明延平郡王郑成功以"台湾者，中国之土地也"，[1]举兵收复台湾，结束荷兰殖民者在台湾 38 年（1624—1662）的统治。清康熙二十二年（1683），清军收复台湾，并在台湾设立一府三县——台湾府和台湾县、诸罗县、凤山县，并设总兵驻守台湾。清光绪十一年（1885）九月初六日，清廷正式设立台湾省，刘铭传为第一任台湾巡抚。[2]台湾巡抚、知府、知县等都由中央政府任命。这些表明台湾和澎湖等均正式划入清朝版图。

天山南北地域：主要是新疆地区，包括天山南北，其总面积约 215 万平方公里。新疆的蒙古、维吾尔、哈萨克、满、汉等民族，都纳入新疆管辖。清乾隆二十七年（1762），乾隆帝设伊犁将军，新疆实行军府制，南疆维吾尔地区设立伯克制。从此划一天山南北行政体制。后于清光绪十年（1884），清朝设新疆省，[3]授刘锦棠为第一任新疆巡抚。从此开启新疆同内地省

〔1〕 转引自陈捷先主编：《清代台湾》，九州出版社，2009 年，第 9 页。
〔2〕《清德宗景皇帝实录》卷二一五，光绪十一年九月庚子，中华书局影印本，1987 年，第 7 页。
〔3〕《清上谕档·新疆设省谕旨》，光绪十年九月三十日，第 1137—2 号，中国第一历史档案馆藏。

份相同的行政体制。

在"康乾之治"的盛清时期，清帝国的版图：东起大海，东北到库页岛，北自庙街（今俄罗斯尼古拉耶夫斯克）、外兴安岭、贝加尔湖一线，西北到巴尔喀什湖，西达萨雷阔勒岭，西南到喜马拉雅山，南至曾母暗沙，东南到台湾及其以东岛屿，南北跨纬度约 50°，东西跨经度约 70°，总面积约为 1400 万平方公里，比欧洲面积还大些。中央政权对所辖国土任命官员、驻扎军队、征收赋税、科举取士、定期朝觐等，实现长期稳固、实际有效的管辖。

在经济方面，清朝经济，多元并行。在顺、康、雍、乾四朝的百余年时间，既保留渔猎经济特色，更融入农桑经济之中。特别是在顺治和康熙初，大量圈占土地，分给八旗官兵及其眷属。在京畿一带地区，分布大量皇庄、王庄、官庄和旗地。地主与农户，或主奴关系、或租佃关系。旗人大量变成地主。

在民族方面，当今中国有五十六个民族，这些民族在清朝都已生活在中华版图之内。其主要族群有汉、满、蒙古、回、藏、维吾尔、壮等族。

汉族，主要生活在中原地区，过着农桑经济、定居生活。虽在清初受到森林文化渔猎经济的猛烈冲击，亦进行强烈的反抗，如著名的"扬州十日""嘉定三屠""江阴抗清"等。但在中原地区，基本保留着数千年农耕经济的特色。

满洲，清帝一再强调骑射文化。皇太极训谕："试思丈夫之所重者，有过于骑射者乎？骑射之艺，精于勤而荒于嬉，不可不时加练习。"[1]他训诫诸王贝勒、固山额真等，要汲取金朝

---

[1]《清太宗文皇帝实录》卷二四，天聪九年七月壬戌，第 2 页。

仿效汉人之习的教训，"恐日后子孙，忘旧制，废骑射，以效汉俗，故常切此虑耳！"[1]皇太极强调要保持满洲骑射、衣冠、语言、习俗。诸王贝勒大臣等跪着聆听训诫，誓言："铭刻在心，竭力奉行。"[2]

蒙古，始皇以来，两千余年，蒙古难题，未能得解。清经过"三祖三宗"六朝，兵绥并举，以绥为主，长期不懈，终得化解。"明修长城清修庙"。清廷通过联姻、重教、编旗、封赏、朝觐、敕爵、年班等形式，将内蒙古、外蒙古、西蒙古、北蒙古完全臣服。如康熙帝所云："昔秦兴土石之工，修筑长城。我朝施恩于喀尔喀，使之防备朔方，较长城更为坚固。"[3]

新疆，维吾尔、哈萨克、蒙古、汉、满等民族，元末以来，矢镞纷飞，战马奔腾，各族民众，备受苦难。经过康、雍、乾三朝统合，总算安定下来。天山南北，重新统一。实行军府制，不同地区、不同族群，不同政策、不同管理。如蒙古族，实行外扎萨克制；如维吾尔族，实行伯克制；对汉族等，实行府县制；对其他民族，亦区别相待。

藏区，清廷奉行尊重喇嘛教，尊重藏民习俗，同其政教界上层人士，密切联系，以藏语交流，极力推行文化融合；同时在西藏驻军、设驻藏大臣。朝廷与西藏、满汉与藏民的关系，达到历史上最好的时期。没有出现类似唐朝的吐蕃政权，也没有出现重大的民族裂痕。

台湾，归清后将内地文化中有益于台湾民众的元素，推行

---

〔1〕《清太宗文皇帝实录》卷三二，崇德元年十一月癸丑，第9页。

〔2〕《清太宗文皇帝实录》卷三四，崇德二年四月丁酉，第26页。

〔3〕《清圣祖仁皇帝实录》卷一五一，康熙三十年五月壬辰，第13页。

到台湾，如改良的水稻种子，在台湾种植西瓜等。又在台湾实行科举制，后每三年台湾士子到北京参加科举考试。清朝台湾籍进士共三十三名。[1]

在文化方面，清廷重视文化融合。清入关后如顺治帝、康熙帝、雍正帝、乾隆帝，首先调整其太祖、太宗政策，扩大眼界，虚心学习，特别是汉族儒家文化、传统文化。他们率先学习汉语、汉文。顺治帝的"孚斋"、康熙帝的"南书房"、雍正帝的"四宜书屋"、乾隆帝的"三希堂"等都是他们研习汉语文的重要斋堂书房。他们尊孔读经，学习经史子集。

他们编纂重要文献，经部如刊刻《十三经注疏》，史部如《御批通鉴纲目》《御批历代通鉴辑览》《日下旧闻考》，子部如《御制数理精蕴》，集部如《全唐诗》，以及其他如《皇舆全览图》《古今图书集成》《四库全书》《五体清文鉴》等。他们还出版汉文诗文集，如康熙帝《御制文集》（四集）一百七十六卷，雍正帝《御制文集》（两集）三十三卷，乾隆帝《御制文集》六十四卷，诗集四百三十四卷等。[2]乾隆帝一生作诗四万余首，虽其艺术水准受到疵议，但作为帝王日日作诗，其精神、其勤奋、其执着、其定力是难能可贵的。另如《满洲源流考》《八旗满洲氏族通谱》《满洲祭神祭天典礼》《钦定皇舆西域图志》《皇清职贡图》《龙沙纪略》《八旗通志》等则是时代文献的标记。

重俗，就是尊重民族的文化传统和风俗习惯。如伊斯兰教，雍正帝时，署安徽按察使鲁国华，上奏说伊斯兰教戴白帽、做礼拜、还把斋，请"严行禁革"。雍正帝御批："回民之在中国，

---

[1] 《清代台湾进士碑帖图鉴》，北京台湾会馆编辑出版，2016年，第2—3页。
[2] 笔者据《四库全书》集部统计。

其来已久。伊既为国家编氓，即皆为国家赤子也。朕临御天下，一视同仁，岂忍令回民独处德化之外……至回民之自为一教，乃其先代相沿之土俗，亦犹中国之大，五方风气不齐，习尚因之各异，其来久矣。历观前代，亦未通行禁约，强其画一也。"雍正帝以鲁国华此奏，"欲惑乱国政，着将鲁国华交部严加议处。"[1]雍正帝的上述谕旨，有利于不同族群之间的文化融合。

回顾历史，中华有文化统合之历史论说和历史传统。如《礼记·王制》所载："修其教，不易其俗；齐其政，不易其宜。中国戎夷，五方之民，皆有性也，不可推移。东方曰夷，被发文身，有不火食者矣。南方曰蛮，雕题交趾，有不火食者矣。西方曰戎，被发衣皮，有不粒食者矣。北方曰狄，衣羽毛穴居，有不粒食者矣。中国、夷、蛮、戎、狄，皆有安居、和味、宜服、利用、备器。五方之民，言语不通，嗜欲不同，达其志，通其欲。"[2]这就是：虽合而不同，却统而合之。

总之，中国五千年历史表明：中华文明之博大，就在于其文化多元；中华文明之绵延，就在于其文化统合。"康乾之治"，以森林文化为枢纽，统合农耕、草原、高原和海洋文化，面对中原、蒙古、新疆、藏区，采取不同的文化统合措施，创造了中华文化新的高峰。这是清政权能够统一中国、长期统治——既能统又能治的文化原因。但是，日中则昃，月盈则亏。清朝达到顶峰后，便走向衰落，走向覆亡。

---

[1] 《清世宗宪皇帝实录》卷九四，雍正八年五月甲戌，中华书局影印本，1985年，第4—5页。

[2] 《礼记》卷一二《王制》，十三经注疏附校勘记本，中华书局影印本，第110页。

第十章

结语：赫图阿拉之答

本书的"开篇"，提出"赫图阿拉之问"：

（1）满族是一个只有几十万人口的民族，军队也不过十万人，怎么会打败约有一万万人口、一百多万军队的明朝呢？

（2）满族人建立清朝并巩固其统治长达二百六十八年，这究竟是什么原因？

本书的"结语"，综结前述，作出"赫图阿拉之答"。

下面，分作三个方面，来做概括回答。

一　文化初合，取得政权

纵观本书叙事论人的时间跨度，自商周肃慎算起，到乾隆中期为止，约三千年；横观本书学术的视野地域，涵盖整个东北亚。以东北亚历史上的主体族群，即肃慎族系的发展、演变为主线，略作总结，试作回答。

满族之所以兴起并取得全国政权，原因固多，择其关键，简而言之，是两个字："合"与"一"，以文化之"统合"，求国家之"统一"。世界事物，人类历史，已经反复证明，且将继

192

续证明，一条颠扑不破的历史定律，这就是——分则小，合则大；分则寡，合则众；分则散，合则聚；分则弱，合则强；分则乱，合则治；分则辱，合则荣；分则败，合则胜；分则否，合则泰。

本书内容贯穿一条文化脉络——是文化统合，还是文化裂分；重点论述森林帝国的历史启示——森林文化在中华文化发展史上，由小到大，由分到合，由乱到治，由弱到强，终以边塞小臣，君临中华天下。满洲逐渐发展成为政治与军事、经济与文化、内事与外事、社会与族群强大的物质力量和精神力量，终于在明朝晚期崛起，心齐力一，文化认同，善借天时，巧用地利，建立清朝，定鼎北京。

本书论述的文化统合，满族属于什么文化？我认为，在中华古代历史上，主要有五种文化形态——中原农耕文化、西北草原文化、东北森林文化、西部高原文化和沿海暨岛屿海洋文化。明朝的女真－满洲，是属于哪种文化形态？学者自有学术之见。

近一个世纪以来，三代历史学、历史地理学、民族学等领域的专家学者，认为东北地域文化，同西北地域文化一样，都属于草原文化、游牧经济。例如：

其一，20世纪中期，著名明史学家、女真史学家吴晗先生认为：

> 东北建州部族社会发展的过程是：初期过着游牧生活，不善于耕种。[1]

---

[1] 吴晗：《明史简述》，中华书局，1980年，第71页。

吴晗先生认为建州女真过着游牧生活，属于草原文化、游牧经济。

而后，认为东北属于草原文化、游牧经济，算作牧区的观点，相继不断，并有论著。甚而论断中华的历史就是农业区与牧业区碰撞与融合的历史。

其二，日本著名历史学家冈田英弘教授的《蒙古与大清：游牧帝国的崛起与承袭》[1]专著中，论断蒙古是游牧帝国似无学术争议，但论断满洲是游牧帝国，并是蒙古游牧帝国的承续，既缺乏史实依据，又缺乏逻辑论析，难以成立，值得商榷。

上述学术论断，既有长，亦有短——其长，是强调游牧文化的地位、作用与重要；其短，是忽视森林文化的存在、作用与价值。

本人认为：中国古代东北地区，属于林区，为森林文化、渔猎经济，虽然还有其他文化元素，但不足以成为文化主体。为此，本书第一章《引言：赫图阿拉之问》提出问题之后，第二章《中华文化地图》，描画出森林文化的自然区域。第三章《森林文化素描》，分作四个方面、列出十八组史料——历史学、文献学、考古学、人类学、语言学、文字学、民俗学、宗教学等，论证东北肃慎族系属于森林文化、渔猎经济。这是本书"文化统合"的一个文化支点、一个学术前提。第四章《积淀：文化演进》，概述商周肃慎、秦汉挹娄、魏晋勿吉的森林文化演进历史。森林文化的肃慎族系，经过约两千年的演化、积累，才在唐朝出现靺鞨建立的渤海政权。而后的千年，继契丹建辽

----

[1] ［日］冈田英弘：《蒙古与大清：游牧帝国的崛起与承袭》，台湾商务印书馆，2018年。

为文化过渡之后，女真建大金，成为森林文化第一个进入中原并有半壁河山的政权。肃慎族系经过三个千年的文化积累才有了明代建州女真的大发展。但是，建州女真的建州卫、建州左卫和建州右卫，经过百年南迁磨难，又经百年生聚积累，才在晚明万历四十四年（1616），由努尔哈赤建立后金、建元天命。

森林文化的主要族群，自肃慎、挹娄、勿吉、靺鞨、女真到满洲，文脉相承、绵延不断。渤海政权，大金皇朝，为其后来者贡献了范式、智慧、信心和勇气。满洲崛起，入主中原，成为清朝的主导（或主体）民族。从这里，可以看出森林文化逐渐发展强盛的历史文化脉络。

努尔哈赤兴起后，力量弱小、目标宏大——这是一个矛盾。为解决这个矛盾，就要变"力量弱小"为"力量强大"，这里，没有旁门左道，只有一条正道，就是"合"，"文化统合"。本书第八章《崛起：森林帝国》，阐述从明永乐到崇祯二百多年大明政权下的女真，一直在走着一条"合"的道路。努尔哈赤、皇太极父子成功的历史经验就是"合"，"文化统合"。他们先是建州女真合，继是海西女真合，又是东海女真合，再是黑龙江女真合。他们一再强调：女真"族类同、语言同、水土同、居处同、衣冠同、习俗同"，要先实现女真的大统一。还有，与习俗相同、语言相通或相同的其他族群合。进而，同漠南蒙古合，并建立八旗蒙古。这样，后金用满洲和蒙古"两个拳头"对付明朝。此前，明朝集中举国之力，应对蒙古，依然发生正统己巳之变，明英宗做了蒙古的俘虏；再发生嘉靖庚戌之变，北京城门，白天紧闭。《明史·鞑靼传》曰："正统后，边备废弛，声灵不振。诸部长多以雄杰之姿，恃其暴强，迭出与中夏抗。边境之祸，遂与明终始云。"[1]明朝对付用一个拳头打来的蒙古尚且如此，对付满蒙联盟用两个拳头同时打来，崇祯帝如何招架得住呢！再后，大清统合辽东汉人，并建立八旗汉军。又同朝鲜结成"君臣之盟"。后金在东北等区域建立了广阔而牢固的基地，约有400万平方公里。八旗满洲、八旗蒙古、八旗汉军三个拳头同时打来，关内还有李自成、张献忠等多股农民军的力量，明朝便招架不住了。皇太极崩逝后，清摄政睿亲王多尔衮辅佐顺治帝，抓住历史机遇，统兵进关，又同吴三桂合。于是，满、蒙、汉三股强大力量，对付摇摇欲坠的大明，其胜利不是历史之偶然，而是历史之必然。

满族取得政权后，又是怎样巩固已得的政权，并统治268年之久呢？

二 文化统合，巩固政权

满族人建立清朝并巩固其统治长达268年，这究竟是什么原因？其主要原因是文化统合。清军入关后，满族人数少，汉族人数多，怎样以少制多？

在农区，它面临中原三百多万平方公里土地、约一万万人口的农耕文化族群，语言不同，习俗不同，如何对其统治，且能长久巩固？清摄政睿亲王多尔衮，强力推行满化政策，遭到汉人强烈反抗，演出"留头不留发、留发不留头"，"扬州十日""嘉定三屠"等历史文化悲剧。在顺治朝，整整花了18年时间，才将"南明四王"和"李张余部"势力平息。到康熙朝，

---

[1]《明史》卷三二七《鞑靼传》，中华书局点校本，1974年，第8494页。

执政者总结关外 60 年、入关 18 年的历史经验与教训，作出大的政策调整：总的做法是文化统合，采取多种措施，实行多种政策，如停止圈占土地，实行开科取士，荐举博学鸿儒，学习汉语，尊孔读经，重农耕，兴水利，逐步同农耕文化融合。社会矛盾逐步缓和，中原汉人逐渐统合。到康熙中后期，推行礼法，社会安定。从康熙二十年（1681）平息"三藩之乱"，到乾隆三十九年（1774）山东"王伦民变"，约百年间，中原地区没有大的战争和社会动乱。这在中国帝制史上是空前绝后的，因此出现"康乾之治"。本书第九章《鼎盛：康乾之治》，于此做了简要阐述。这表明，中原汉族地区社会安定，森林文化同农耕文化统合取得成效。

在林区，满洲入关前，森林文化已经全部统合，清设盛京、吉林、黑龙江三将军，实行军府制、府县制、部落制，进行有效的管辖。

在牧区，匈奴－蒙古是历代帝制社会难解的问题。清执政者经过"三祖三宗"六代一个半世纪，才算把蒙古问题解决。在亚洲地区的蒙古全部归属清朝，实现了对草原文化的统合。

在高原区，通过册封达赖喇嘛、班禅额尔德尼、章嘉呼图克图、哲布尊丹巴呼图克图等，重教尊俗、在藏驻军、设驻藏大臣，并依法执行《西藏善后章程》等，对高原文化统合，亦有明显之成效。

在海洋区，康熙二十二年（1683）统一台湾，设府置县，科举取士，后设立台湾省。清盛时从黑龙江入海口、库页岛，沿渤海、黄海、东海、南海，直到曾母暗沙，实现海洋文化统合。

森林帝国是指以森林文化为纽带，统合农耕文化、草原文化、高原文化及海洋文化，所建立多元一统的中华文明帝国。清定都北京后，原本是"以小制大"，经过"康乾之治"的文化统合，他们在满、蒙、疆、藏、台等地区，重俗尊教，因地制宜，逐渐与农耕文化、草原文化、高原文化和海洋文化统合。书中所述五个文化圈，占当时全国人口的90%、土地的90%以上。满洲从物质和精神两个层面，占据主导或主流地位，清帝成为中华共主，取得了巩固的地位。总之，清廷依靠"文化统合"而得以国祚绵延268年。

历史两个对比，事情看得更清。

第一个对比，是同辽、金、元比。

清与辽比，为何能入主中原，不再是半壁河山？因为清军入关前，整个东北，全部统一，完全统合，是一块巩固的后方，直到清末，未有改变。但辽不同，它的版图类似香蕉形，南有大宋，北有女真，西有西夏，始终处三面受敌的态势；特别是没有统合生女真，所以南进有后顾之忧，而未能成为一统江山，最终被其后方生女真建立的金所灭。

清与金比，女真建的金进入中原后，南对南宋、西对西夏、北对蒙古，后来曾三个拳头同时出击，自削自弱；更没有统合蒙古，又有后顾之忧，而未能完成一统江山，且最后被蒙古所灭。

清与元比，有相似之处，就是蒙古进入中原前，后方问题已经解决，移祚大都后，统一中原；但也有不同：元定鼎大都后，未能文化统合，农耕文化与草原文化，碰撞激烈，矛盾激化，终被朱元璋"驱逐胡虏，恢复中华"[1]所推翻。

---

[1]《明太祖实录》卷二六，吴元年十月丙寅，"中央研究院"历史语言研究所校勘本，1962年，第10页。

第二个对比，是同汉、唐、明比。

以前六位君主在位时间来说——汉朝，高祖 12 年、惠帝 7 年、高后 8 年、文帝 23 年、景帝 16 年、武帝 54 年，共 120 年；唐朝，高祖 9 年、太宗 23 年、高宗 34 年、中宗 6 年、睿宗 5 年、武则天 15 年，共 92 年；明朝，太祖 31 年、建文 4 年、成祖 22 年、仁宗 1 年、宣宗 10 年、正统 14 年，共 82 年；清朝，太祖 11 年、太宗 17 年、世祖 18 年、圣祖 61 年、世宗 13 年、高宗 60 年，共 180 年。清朝如果从顺治至道光六朝，则为 208 年。在上述四个大一统皇朝中，被史家称颂的汉朝"文景之治"为 39 年，唐朝"贞观之治"为 23 年，明朝"仁宣之治"为 11 年，清朝"康乾之治"则为 134 年。这说明，汉、唐、明的三个"之治"都很难得，也很重要，但时间较短，总共 73 年；清的"康乾之治"却有 134 年之久。清朝前六位君主在位时间长，其"之治"时间也相应最长，这应是清朝统治长达 268 年的一大重要原因。

综上，满洲以十万军队，数十万部众，入主中原后，能长期执政，应是多因一果，但其根本原因是文化统合。满洲入主中原后，不仅将农耕文化 300 多万平方公里范围，而且将满、汉、蒙、疆、藏、台纳入中华版图，呈现盛清领土约 1400 万平方公里的大局面，实施长期、全面、有效、稳定的统治，实现中华民族文化大统合，使多民族统一的中国，屹立于世界东方。

就其文化因素来说，与一帐一户的草原游牧生活，一家一户的中原农耕生活，一家一家的高原山居生活，一舟一船的海岸海洋生活，来做比较，森林文化的群体围猎，要有首领、要有协作、要有勇敢、要有智慧。这种长期生活，教育、训练人们要有整体观念、要有协作意识。

"康乾之治",因素固多,选其要素,关键在人。满洲崛兴,首在得人,得英杰之人,用贤能之士。《尚书·吕刑》说:"一人有庆,兆民赖之。"是时势造英雄,还是英雄造时势——这是个古老的话题。其实,没有时势,哪来英雄;没有英雄,哪来时势。满洲有幸,中国有幸,在清代连续出现清太祖努尔哈赤、太宗皇太极、世祖顺治帝(多尔衮)、圣祖康熙帝、世宗雍正帝、高宗乾隆帝,所谓"三祖三宗"共六代杰出君主,时间近二百年。这在汉、唐、明、清四个二百年以上大一统皇朝中是个非常突出的历史现象。

一项历史宏业,一人杰出不够,要有团队、梦想、制度、方略。整个清朝,最高执政集团,有过矛盾、有过争论,但主体没有发生裂变。举一个史例。

努尔哈赤团队核心是五大臣、八大贝勒。其五大臣之一的额亦都,刚毅骁勇,如一次率兵攻打巴尔达城,史载:"(额亦都)督兵取巴尔达城,至浑河,河涨不能涉,以绳联军士,鱼贯而渡。夜薄其城,率骁卒先登。城中兵猝惊起拒,跨堞而战,飞矢贯股着于堞,挥刀断矢,战益力。被五十余创,不退,卒拔其城而还。"[1]

额亦都之子达启,受清太祖养育宫中,尚公主为额驸,但恃宠而骄。一日,额亦都集诸子宴会,行酒之间,命执达启,曰:"天下安有父杀子者?顾此子傲慢,及今不治,他日必负国败门户,不从者血此刃!"于是,"引达启入室,以被覆杀

---

〔1〕《清史列传》卷四《额亦都》,中华书局点校本,1987年,第175页。

之"。[1]额亦都报努尔哈赤请罪，努尔哈赤惊愕嗟叹，谓："额亦都为国深虑，不可及也！"努尔哈赤对宗室贵族、军功贵族、蒙古贵族和汉军贵族，能在 40 余年中，上下契合，和衷共济，没有内讧，未生裂变，从而完成女真统一和奠基清朝的大业。

然而，汉有"诛吕事件"和"吴楚七国之乱"，唐有"玄武门之变"和"诛武事件"，明有"靖难之役"和"三王之叛"[2]，清朝政权主体核心层没有发生军事变乱，并汲取汉、唐历史教训，既没有发生宦官之祸，也没有发生外戚之祸，重大体，顾大局。这同其狩猎经济、协作观念有重要的联系。

三 文化裂分，失去政权

清入主中原后的 268 年，文化裂分，教训可鉴。

第一，文化统合，需要日新。文化统合，特别是满洲森林文化与汉族农耕文化之间，需要不断统合，不断求新。《大学》说："苟日新，日日新，又日新。"要随着时间推移、地域变化，而不断变化、不断深化。如清朝最高权力核心的"五大臣"，即内务府总管大臣、议政大臣、领侍卫内大臣、御前大臣、内大臣，全是满人，个别蒙古人，没有汉人，且多属八旗满洲上三旗；而军机大臣的首席军机大臣几乎全是满人。这个体制，历朝延袭，没有变化。这个体制没有反映五种文化形态的分别权益和总体状态。

又如旗人，包括八旗满洲、八旗蒙古、八旗汉军，他们在

---

[1] 《清史稿校注》卷二三二《额亦都传》，台北商务印书馆，1999 年，第 7928 页。

[2] 明"三王之叛"指的是汉王高煦之叛、安化王寘镭之叛和宁王宸濠之叛。

圈占土地之后，也是凝固不变的：定身份、定旗分、定佐领、定住地、定钱粮、定土地、定婚姻、定职业等，把旗人圈在满城里，妨碍了文化融合。久而久之，旗人形成一个特殊的群体。这种文化封闭，影响文化融合。

文化统合，历史可鉴。辽、金、元的史鉴，前面已述。明朝，没有处理好文化统合，最后被努尔哈赤"七大恨告天"[1]所取代；清朝后期，没有处理好同汉人的文化统合，最后被孙中山"驱逐鞑虏，恢复中华"[2]所取代。

所以，文化统合，事关大体。处理得好，就会出现治世局面；处理得不好，就会危及政权。

第二，文化统合，需开眼界。清朝乾隆中期以后，世界局势，发生大变。文化统合，还要外向，面向世界。世界进入大航海时代，中国面临新的问题，不仅是中华五种文化形态之间的碰撞与融合，又面临着中华文化与西方文化的碰撞与融合。清朝的康熙帝，还算了解、学习一些西方的文化，如数学、天文学、物理学、化学、医药学、舆图学、人体解剖学等知识，但仅是个人行为，没有形成政府政策和国家制度。而后，人亡政息，刚打开一扇了解西方的窗户，又被关上。在乾隆时代（1736—1795 年在位），西方世界主要发生了三件大事：一是乾隆三十年（1765），以英国纺织工哈格里夫斯发明珍妮纺纱机为始的英国工业革命；二是乾隆四十年（1775），美国独立战争开始，翌年 7 月 4 日，通过《独立宣言》，宣布建立美利坚合众

〔1〕《清太祖武皇帝实录》卷二，台北故宫博物院藏本，台湾广文书局影印本，1970 年，第 30 叶。

〔2〕《中国同盟会总章》第二条，载中国史学会主编：《中国近代史资料丛刊·辛亥革命（二）》，上海人民出版社、上海书店出版社，2000 年，第 7 页。

国；三是乾隆五十四年（1789）爆发法国大革命。世界开始新时代、新潮流。

此前，康熙帝晚年提出"持盈保泰"。[1]乾隆帝则一再重复"持盈保泰"或"保泰持盈"，甚且言"瑞叠祥骈，持盈保泰"。[2]在《清高宗实录》里，据不完全统计，至少出现二十七次之多。其扬扬自得，跃然纸上。

但是，乾隆五十八年（1793）八月十三日，英使马戛尔尼到避暑山庄谒见乾隆帝，乾隆帝自称"天朝抚有四海"，[3]"天朝物产丰盈，无所不有，原不藉外夷货物，以通有无"[4]，始终以"天朝统驭寰宇"[5]自诩。清朝没有打开对外文化交流之门，而是紧紧关闭着。

第三，海洋文化，成为短板。在前述中华五种文化形态中，海洋文化不仅从来没有建立过大的政权，而且历来皇朝都对之重视不够。以辽、金、元、明、清来说，这五朝的帝王，只知金戈铁马，不懂海洋文化。他们都没有海洋文化的基因。清朝执政者属于森林文化，长于骑射，短于航海。海洋文化，不被重视。康熙帝算是有先见之明，他预见说："海外如西洋等国，千百年后，中国恐受其累。此朕逆料之言。……国家承平日久，务须安不忘危。"[6]

康熙帝指出问题，已属英明；但没有制定制度、方略和措

---

〔1〕《清圣祖仁皇帝实录》卷二五四，康熙五十二年三月乙未，第 8 页。

〔2〕《清高宗纯皇帝实录》卷六〇〇，乾隆二十四年十一月辛亥，第 15 页。

〔3〕《清高宗纯皇帝实录》卷一四三五，乾隆五十八年八月己卯，第 14 页。

〔4〕《清高宗纯皇帝实录》卷一四三五，乾隆五十八年八月己卯，第 15 页。

〔5〕《清高宗纯皇帝实录》卷九九〇，乾隆四十年年九月乙卯，第 21 页。

〔6〕《清圣祖仁皇帝实录》卷二七〇，康熙五十五年十月壬子，第 11 页。

施，且被其子孙遗忘。出现道光皇帝"到英国骑马要多少时日"的笑柄。此期，西方正在崛起，英国资产阶级革命和工业革命发生，美利坚合众国建立，法国大革命爆发等。而在中国，果然后来——鸦片战争、英法联军、甲午海战、八国联军以及民国时期的日军侵华，都是从海上打来的，中国吃了大亏！这是一条刻骨铭心的血的历史教训！"人类历史开始了在天上和海上开拓与发展的新纪元。中国历史上海洋文化短板的启示是：发展海洋文化，建立强大海军，建设海上强国，制定海洋方略，这既是中国历史的教训，又是清朝历史的殷鉴，也是中华发展的需要，更是世界奔腾的潮流。"[1]

历史表明，中华文明之博大，在于其文化多元；中华文明之绵延，在于其文化统合。纵观历史，满洲从森林文化走来，从有确切文字记载的猛哥帖木儿算起，到乾隆帝中期为止，约四百年——四个百年，四大巨变：这就是百年磨难、百年生聚、百年勃发、百年衰落。这算是一个历史轮回。天上没有不落的太阳。从日出、日中、日落到黑夜，这算是一个自然轮回。人类的各家族、各集团、各民族、各国家的历史，又何尝不是如此呢？我们不妨用两只眼睛、而不是用一只眼睛，看满洲兴衰四百年的历史——磨难既是痛苦，也蕴含转机；生聚既是前进，也同存艰苦；勃兴既是胜利，也潜藏危机；没落既是悲哀，也孕育新生。所以，森林帝国的历史启示——一个国家崛兴和强盛的基本经验是：以文化之"统合"，求国家之"统一"。

综上，这就是本书开篇所提"赫图阿拉之问"的一个简短粗浅的回答，敬请诸位，批评指正。

---

〔1〕 阎崇年：《阎崇年自选集》，九州出版社，2016年，第35页。

附录

森林文化之千年变局

摘　要：中国东北的森林文化，是中华文明历史进程中多元文化类型之一。与中原的农耕文化、西北的草原文化相对举，东北的森林文化因东北地区森林莽莽、树海无际的地理区位与地理环境，在地域、语言、经济、文化、历史等诸多方面形成了自己独具的地域文化特征。而在中华五千年的文化演进中，从殷商到清末，森林文化经历了三个千年之变局，即：一是与中原农耕文化的交流与融合，二是与中原农耕文化、西北草原文化的冲突与融合，三是登上了主导中原政权的历史舞台，与农耕文化、草原文化、高原文化等的碰撞与融合。三个千年变局的实质是由变而合，由合而大，最终统合为大中华文化，生生不息，骎骎健行。

中国的森林文化，从历史学的视角，就其在中华文化演进中的历史变局，兹格物，求致知，同探讨，增共识。

一

白寿彝先生论道："中国的历史，是中华人民共和国国土上现有的和曾经有过的民族共同创造的历史。"[1]研究中国的历史,可以按一朝一代去研究,也可以从文化类型去研究,还可以有其他。中华文化,既统一,又多元,文化类型不同,彼此聚合交融。

在中华文明五千年发展进程中,以其不同生存空间为依托,逐渐形成多种经济文化类型。就其基本特征进行考察,可以概括为五种经济文化类型,即中原农耕文化、西北草原文化、东北森林文化、西部高原文化和沿海暨岛屿的海洋文化等。这五种经济文化,在历史的演进中,既有不平衡性,又有相融合性。在中华文明五千年演进中,从甲骨文算起,以文字记载的历史有三千多年。这三千多年的历史,按千年分段,考察其文化变迁,主要发生了三个千年变局。在中华文化三个千年变局中,于中国大一统皇朝,中原农耕文化、西北草原文化、东北森林文化,都时间或长或短地占据过主导或主体的地位,而高原文化和海洋文化虽都很重要,却没有占据过主导或主体的地位。[2]在占据过主导或主体地位的上述三种文化类型中,中原农耕文化的存在与意义,学界早已取得共识;西北草原文化的存在与意义,学界也已取得共识;至于东北森林文化,就相对比较而言,过去史料少、踏查少、研讨少、著述少、交流少、关注也少,因而从历史学的视角对森林文化进行论述,经过初步检索,至今没有见到专题论文,也没有见到学术专著。

森林文化在中国暨在东北亚空间上是客观存在的,其在不

---

[1] 《白寿彝民族宗教论集·题记》,北京:北京师范大学出版社,1992年。

[2] 高原文化曾建立过区域性政权,如吐蕃、南诏,未建立过全国统一的中央政权。

同历史时段、不同地域范围，都影响着中华历史发展，影响着东亚历史格局，也影响着世界历史进程。因此，本文的旨趣在于，阐述森林文化的称谓、舆地、语言、历史、特征、经济、文化、聚合、交融、演变及其在中华一体多元文化中的地位及影响。

森林文化的研究，有从林业学、生态学、人类学、宗教学等学科角度进行研究，特别是从林学角度进行研究，已经取得一系列的成果。如郑小贤的《森林文化内涵及其价值》，苏祖荣、苏孝同、郑小贤合著的《森林文化及其在中华文化体系中的地位》[1]等，均着眼于林学研究范畴，不在本文讨论范围之内。本文是从历史学的视角对森林文化进行探讨和研究。

东北森林文化，因居住人群的生存环境不同，其生活资源、生产方式、获取手段、生活方式、社会组织和文化习俗等也不同。东北的森林文化，范围颇为广泛，不能逐一涉及，本文讨论有六：一是文化称谓，二是历史地图，三是语言特征，四是渔猎经济，五是文化宗教，六是历史传承。兹于下面，分别阐述。

文化称谓　中国在明清盛时，长城以北、大兴安岭以东至大海，外兴安岭到贝加尔湖以南的广袤地域，从有文字记载以来，三千年间，其地域文化特征，如何进行学术称谓？就地方史研究，已见不全资料，主要有十二说：（1）关东文化；（2）东北文化；（3）关外文化；（4）边外文化；（5）松嫩文化；（6）辽海文化；（7）长白文化；（8）北方文化；（9）三江文化；

---

[1]　苏祖荣、苏孝同、郑小贤：《森林文化及其在中华文化体系中的地位》，载《北京林业大学学报》2007年第3期。

（10）黑水文化；（11）龙江文化；（12）白山黑水文化等。[1]就民族史学、文化史学、社会史学等而言，对其经济文化类型的概括，或为牧猎文化、或为渔猎文化、或为游牧文化、或为草原文化等，存在不同的称谓。

上述人文社会科学的不同概括，虽各有其道理，也各有其优长，但似有其不足——或于生存环境阐述、或于地理区位界定、或于历史时段描述、或于语言文化诠释，均没有突出森林文化的生态环境及其历史文化特征，也没有概括其文化内涵，因此，有待商榷，值得研究。

由是，我将东北地域的文化，总称之为"森林文化"。这样称谓的一个理由是，古代森林文化人们的生存环境，东北地区，森林莽莽，树海无际，而东北的"森林"同中原的"农耕"、西北的"草原"相对举，以显现其生存地理环境、地域经济文化类型的特征。当然，任何概括，都有局限，学者各自表述，不必强求划一；但是，大家取得共识，便于学术交流。

历史地图　中国在明清盛时，农耕、草原、森林、高原、海洋文化的地理范围，按生存环境，绘历史地图，虽较粗略，亦欠准确，但做比较，冀求讨论。

中原农耕文化，分布很广，但其重心在长城以南的中原地区，主要地区包括黄河、长江、珠江中下游地带等，其现今面积：北京（1.68）[2]、天津（1.1）、上海（0.6）、重庆（8.23）、河北（19）、山西（16）、河南（17）、山东（15）、陕西（20）、

---

[1]　参见宋德金：《东北地域文化三题》，《光明日报》2009 年 7 月 14 日；田广林：《辽海历史与中华文明》，《光明日报》2009 年 12 月 29 日。

[2]　括号内的数字，以万平方公里即万平方千米为单位，下同。

甘肃（40）、宁夏（6.6）、江苏（10）、浙江（10）、安徽（14）、江西（17）、福建（12）、湖南（21）、湖北（19）、广东（18）、广西（24）、四川（48）二十一个省区市，共338.21万平方公里，其中如川西北主要是高原，甘肃南部、青海南部主要为高原文化，其面积近40万平方公里。因此，黄河、长江、珠江流域等地区中原农耕文化核心地域面积300多万平方公里。

西北草原文化，分布极为广阔，其主要地区东起大兴安岭，南临燕山、长城和天山一线，西北迄巴尔喀什湖地带，北达贝加尔湖一线。中国盛清时草原文化的面积：漠南蒙古分布于今内蒙古自治区（118），漠北喀尔喀蒙古分布于今蒙古国（156.5），以上内外蒙古面积共近275万平方公里。还有天山以北漠西的厄鲁特蒙古（西蒙古）、天山以西伊犁河到巴尔喀什湖50万余平方公里，贝加尔湖以南布里亚特蒙古地区等。总之，中国盛清西北草原文化区域的面积，合计为300多万平方公里。

东北森林文化，分布极为辽阔，中国盛清时主要范围，大兴安岭以东，长城一线以北，东达大海，北到贝加尔湖、外兴安岭、库页岛一线的广阔地域。它包括：今辽宁省（15）、吉林省（19）、黑龙江省（46），共80万平方公里；明清盛时乌苏里江以东至滨海地区约为40万平方公里，黑龙江以北、外兴安岭以南约60万平方公里，还有贝加尔湖以东以南地域等，其面积总数亦为300多万平方公里。

西部高原文化，主要包括今西藏（123）、青海（72）、云南（39）、贵州（18），总面积共252万平方公里，还有川西高原等；另从高原地域看，青藏高原（250）、云贵高原（50），总数亦约为300万平方公里。

东南海洋文化，明清盛时的地理范围，包括今黑、吉、辽、冀、津、鲁、苏、沪、浙、闽、粤、桂、琼十三个省区市沿海及岛屿，即从鄂霍次克海、鞑靼海峡、日本海、渤海、黄海、东海到南海的沿海地域及今台湾岛（3.6）、海南岛（3.4）、香港（0.11）、澳门（0.0025），以及南海诸岛屿——东沙群岛、西沙群岛、中沙群岛、南沙群岛等，直至曾母暗沙。海岸线长约两万公里。海岛及沿海的海洋文化，其领土与海疆的面积，本文不做统计。[1]海洋文化虽非常重要，却从来没有在中央政权占据主导或主体的地位，而农耕文化、草原文化、森林文化、高原文化又缺乏海洋文化基因，海洋文化是中国两千年皇朝史上的文化短板，成为后来西方列强从海上打来中国屡次遭到失败的一个重要文化原因。

由上可见，森林文化就其历史地图而言，它在中华历史文化中的重要分量与重要地位，可谓是：举足轻重，牵动华夏。

语言特征 森林文化地域居民的语言，基本上属于阿尔泰语系满–通古斯语族。中华民族语言文化圈，南部主要属于汉藏语系等，北部主要属于阿尔泰语系等。汉藏语系主要包括汉语族、藏缅语族、苗瑶语族、壮侗语族等；阿尔泰语系主要包括突厥语族、蒙古语族和满–通古斯语族。蒙古语族主要分布在西北草原文化地域，包括今蒙古语、达斡尔语、布里亚特语、土族语、东乡语、裕固语（东部）等；满–通古斯语族则主要分布在东北森林文化地域，包括满语、锡伯语、鄂温克语、鄂伦春语、赫哲语等。蒙古语族与满–通古斯语族的地理界限，大致以大兴安岭为界（语言分区不是绝对的）——大兴安岭以

---

[1] 盛清时新疆约有 215 万平方公里（今新疆 166 万平方公里）土地的地域文化类型，有学者认为：北疆为草原文化，东疆和南疆为农耕文化。

东到海、外兴安岭以南到长城，主要是满－通古斯语族的森林文化范围。他们彼此之间的语言虽有差异，但彼此基本可以听懂。有人经常问：皇太极的一后四妃都是蒙古人，他们怎么沟通、怎样交流呢？他们的语言都属于阿尔泰语系，语法相同，借词亦多，彼此之间，大体听懂。总之，东北森林文化的语言，主要属于阿尔泰语系的满－通古斯语族。当然，也不是那样纯粹单一。

渔猎经济　森林文化的早期居民，居住地的选择是：面朝河湖，背靠山林，主要的生活资源——衣、食、住、行、用、贡，多取自于森林与河湖。其衣，以兽皮或鱼皮缝制，所以他们被称为"鱼皮鞑子"；其食，吃鱼肉、兽肉或野果，也是来自于森林、河溪；其住，撮罗子，以桦木和桦树皮为主要建筑材料；其行，爬犁是木结构的；其用，碗筷、器皿、摇车、渔猎器具也多是木制品；其贡，主要朝贡楛矢、人参、貂皮、明珠等，都是木制、采集和渔猎的产品。所谓"使犬部""使鹿部"，也是森林文化的产物。随着其经济文化的发展和跟外域经济文化的交流，森林经济逐渐多元化，包括采集、渔猎、畜牧、农耕等。但在明清时期，森林文化的基本经济形态是渔猎经济，这是同草原文化以游牧为主、农耕文化以耕织为主的重大区别。直到满洲崛兴之初，《满洲实录》记载："本地所产，有明珠、人参、黑狐、元狐、红狐、貂鼠、猞狸狲、虎、豹、海獭、水獭、青鼠、黄鼠等皮，以备国用；抚顺、清河、宽甸、瑷阳四处关口，互市交易，以通商贾，因此满洲民殷国富。"[1]这说明森林文化之采集、捕鱼、狩猎仍是满洲的重要经济基础。

文化宗教　森林文化的一个特征是对森林、对大木的崇拜。

---

[1]《满洲实录》卷二，中华书局影印本，1986年，第37页。

《后汉书·东夷列传》记载："常以五月田竟祭鬼神，昼夜酒会，群聚歌舞，舞辄数十人相随踏地为节。十月农功毕，亦复如之。诸国邑各以一人主祭天神，号为'天君'。又立苏涂，建大木，以县（悬）铃鼓，事鬼神。"〔1〕这里的"大木"，《晋书·四夷》记载，肃慎氏视之为"神树"。〔2〕直到清朝皇族的堂子祭祀，仍然是"堂子立杆大祭"。《满洲祭神祭天典礼》记载："每岁春、秋二季，堂子立杆大祭，所用之松木神杆……砍取松树一株，长二丈，围径五寸，树梢留枝叶九节，余俱削去，制为神杆。"〔3〕从其堂子祭祀图可见，就像是一幅森林的画图。《钦定满洲源流考》也记载："我朝自发祥肇始，即恭设堂子，立杆以祀天。"〔4〕甚至在北京大内坤宁宫前也立神杆以祭神祭天。而在古代的日本，森林覆盖大地，寺庙祭祀的是"御柱祭"，这里的"御柱"就是树木，象征着森林。日本的寺庙，有的没有神，只有树木。有书记载："日本的神社里有森林。在日本，可以没有森林的寺庙，不可能想象神社里会没有森林。"〔5〕森林文化的宗教，同草原文化等一样，阿尔泰语系诸族在古代都信奉萨满教，鲜卑、突厥、契丹、女真、蒙古、达斡尔、鄂温克、鄂伦春、赫哲、满洲等亦然。其教名"萨满"就是从满语"saman"的音译而来的。阿尔泰语系的满－通古斯语族，从晚明至清，

---

〔1〕《后汉书》卷八五《东夷列传》，中华书局点校本，1965 年，第 2819 页。

〔2〕《晋书》卷九七《四夷·肃慎氏》，中华书局点校本，1974 年，第 2534 页。

〔3〕《钦定满洲祭神祭天典礼》卷三，台北商务印书馆影印文渊阁《四库全书》本，1986 年，第 18 叶。

〔4〕《钦定满洲源流考》卷一八，商务印书馆影印文津阁《四库全书》本，2005 年，第 1 叶。

〔5〕〔日〕梅原猛著，卞立强、李力译：《森林思想——日本文化的原点》，中国国际广播出版社，1993 年，第 34、129 页。

其文字为满文，明万历二十七年（1599），由努尔哈赤主持、额尔德尼和噶盖创制。[1]满文系借用蒙古文的字母，来拼写满语。满文为拼音文字，同汉文方块字不一样。西方人学满文，因都属拼音文字，比汉人学满文更容易一些。汉语则属于汉藏语系，二者在语言与文字上有较大的差异。

历史传承　森林文化，历史悠久。考古资料表明，早在一万年前，新石器时代，东北森林文化就已经产生。《后汉书》首列"东夷列传"，记载中原王朝与四周民族的关系，特别记载中原王朝与肃慎的关系："及武王灭纣，肃慎来献石砮、楛矢。"[2]先秦时肃慎、秦汉时挹娄、魏晋时勿吉、隋唐时靺鞨、宋辽金时女直、元明时女真，以及清初的满洲，文脉相承，连绵不断。

综上所述，中国东北森林文化作为一个历史文化范畴，既然有其自身的文化特点，则应有其学术文化的称谓，从而有利于学术研究。

二

中国东北森林文化的历史，在有文字记载以前的考古资料和口碑传说，本文不做讨论；在中国有文字记载的三千多年历史演进中，其兴盛衰亡、分合迁徙的文明史，从殷商到清末（1911），大体分作三个阶段，发生三个千年变局。

第一个千年　主要是商、周。这段历史的一个特点是最高

---

〔1〕《满洲实录》卷三，中国第一历史档案馆藏，第2叶。
〔2〕《后汉书》卷八五《东夷列传·挹娄传》，第2808页。

君主称王，如殷纣王、周文王、周武王等。东西周，八百年，加上殷商，大数算一千多年。我把这段千年历史称作王制或王国时期的历史。这个时期的政治中心，虽然诸侯名义上共尊周天子为国君，但西周天子在镐京、东周天子在洛阳。春秋五霸、战国七雄等，"尊王攘夷"，各自为政，相互兼并，彼此杀伐，实际上是政治多中心的。

这个时期文化发展的主要特征是，中原地区农耕文化的内部关系，在争变中融合，在融合中争变。中原的农耕文化，以农作为食，以桑麻为衣，农桑为衣食之源。虽然还有畜牧业、手工业等多元经济，但是以农耕经济为主。

商周活动的中心区域，殷主要在今河南，周主要在今陕西、甘肃地域。周先祖名弃，号后稷，《史记》记载：弃好耕农，种稼穑，被帝尧举为农师。殷与周，两大文化板块进行碰撞与交汇。周武王会八百诸侯于河南孟津，讨伐殷纣王。牧野之战，双方各发兵七十万，结果殷兵大败。纣登鹿台，赴火而死。[1]殷亡周兴，崛起于西北的周族，进入中原，确立统治。"周虽旧邦，其命维新。"[2]周朝初期，封诸侯、建藩国、行世袭、食采邑，社会的权力与财产，既照顾先朝旧贵族的利益，更扩张当朝新贵族的权益，更新调整，重新分配。

周从殷纣灭亡，到周平王东迁，周的都城，因在西部，史称西周。西周末年，社会动荡，内乱外祸，政局不安，迁都到洛阳。从平王东迁，到秦的统一，周的都城，因在东部，史称

〔1〕《史记》卷四《周本纪》，中华书局点校本，1959年，第124页。
〔2〕《诗经·大雅·文王》，宋本十三经注疏本附校勘记本，中华书局影印本，1980年。

东周。从此，周朝政治中心东移，文化中心也随之东移。在东
周时期，春秋也好，战国也罢，既是社会经济大发展的时期，
也是社会文化大融合的时期。这段历史时期的特点是：强凌弱，
众暴寡，战争频繁，动荡不安。春秋五霸，各国之间，今日为
盟邦，明日则为敌国。战国七雄，或合纵，或连横，"七雄虓
阚，龙战虎争"。[1]春秋五霸，战国七雄，其立国自存，其图强
争霸，关键所系，文化之争。

从文化来说，第一个千年历史，主要是中原农耕文化内
部的交融。西周的战乱，东周的纷争，主要是八个文化圈，
即北方的齐鲁文化、燕赵文化、河洛文化、秦晋文化，南方
的吴越文化、楚湘文化、巴蜀文化、南粤文化，在冲突、融
合、对话、交流。上千年的交融，出现一个结果：秦统一六
国，"六王毕，四海一"，[2]车同轨，书同文，中原农耕文化
一统，成为中华文化的主体与核心。新统合的民族本应称为
秦族，嬴秦短祚，刘氏立汉，且秦皇焚书坑儒，得罪儒生，
而儒生又有话语权，中原人始不称秦人，而自称汉人，标志
着汉民族形成。

这一千年，殷商甲骨文，周朝钟鼎文，商周青铜器，西
周石鼓文等，都是这个时期的华夏珍宝。孔子的《论语》，老
子的《道德经》，《诗经》的情志，《周易》的智慧，《孙子兵
法》，屈原《离骚》，诸子百家，竞相争鸣，思想精华，令人惊
叹！这不仅在中国，而且在世界，放射出人类文明史上的一道
光华。但是，在这场文化大交融中，也付出了沉重代价。周殷

---

〔1〕《汉书》卷一〇〇上《叙传上》，中华书局校点本，1962年，第4227页。
〔2〕　杜牧：《阿房宫赋》，载《樊川文集》，上海古籍出版社，2009年，第1页。

牧野之战，"血流漂杵"。[1]秦赵长平之战，秦武安君白起斩
级、坑杀赵军降卒四十五万人，[2]可谓惨烈之极！这段历史，
极不平静。付出与收获，碰撞与融合，阴阳交替，相辅相成。
司马迁在《报任安书》中说："盖文王拘，而演《周易》；仲尼
厄，而作《春秋》；屈原放逐，乃赋《离骚》；左丘失明，厥有
《国语》；孙子膑脚，兵法修列；不韦迁蜀，世传《吕览》；韩
非囚秦，《说难》《孤愤》；诗三百篇，大底圣贤发愤之所为作
也。"[3]中原农耕文化融汇的艰难历程表明：历史在曲折演进，
欢歌伴随着悲怆。

　　这个时期，东北森林文化的肃慎，已同中原王朝有往来。
《尚书》《大戴礼记》《国语·鲁语》《山海经》《竹书纪年》《汉
书·五行志》等都有"肃慎"或"息慎"同中原王朝来往的
记载。《尚书》里说："武王既伐东夷，肃慎来贺。王俾荣伯
作《贿肃慎之命》。"[4]《史记·五帝本纪》尽管有传说的元素，
但有肃慎的传说和记载。书里的"息慎"，其"集解"引郑玄
曰："息慎，或谓之肃慎，东北夷也。"[5]肃慎又称稷慎，《周
书·王会解》曰："西面者正北方，稷慎大麈。"孔晁注："稷
慎，肃慎也。"《史记》和《汉书》虽都留下美妙动人的故

〔1〕《尚书》卷一一《武成》，宋本十三经注疏附校勘记本，中华书局影印本，
　　1979年，第184页。
〔2〕《史记》卷七三《白起列传》，第2335页。
〔3〕司马迁：《报任安书》，《昭明文选》卷四一，世界书局影印本，民国
　　二十四年（1935），第578—579页。
〔4〕《尚书》卷一八，宋本十三经注疏附校勘记本，中华书局影印本，1979年，
　　第236页。
〔5〕《史记》卷一《五帝本纪》，第43页。

事，[1] 却没有为肃慎列传，直到《后汉书》才出现《挹娄传》。这说明此期森林文化在中华文化圈里，虽有交往、屡见记载，却因山河阻隔，尚处边缘状态。

第二个千年 从秦始皇二十六年（前221），到后梁贞明二年即辽太祖神册元年（916），共1138年，大数算也是千年。这个千年间，除中原地区继续农耕文化交融外，农耕文化与草原文化交融——秦汉与匈奴、隋唐与突厥的交融是一个突出的文化现象。这个时期文化冲突，一个重要特点是农耕文化与草原文化的冲突，前期对匈奴，后期对突厥——都是汉藏语系文化与阿尔泰语系突厥语族和蒙古语族间的文化冲突与融合。

这个千年，《史记》有《匈奴列传》（上下两卷），《汉书》有《匈奴传》《西域传》共列51节；《后汉书》则有《西域传》《南匈奴传》，这些说明匈奴与西域在此期历史上的重要地位。

此期有个历史现象值得注意：出现西汉、东汉、西晋、隋和唐五个统一的朝代。当朝的政治中心，秦在咸阳，西汉在长安，东汉在洛阳，都城的变迁，沿着黄河中游、渭河干流地域而东西摆动，但摆动的重心在长安（今西安）。

秦始皇连接六国长城而为万里长城，派蒙恬率30万大军守

---

[1]《史记·孔子世家》记载："有隼集于陈廷而死，楛矢贯之，石砮，矢长尺有咫。陈湣公使使问仲尼。仲尼曰：'隼来远矣，此肃慎之矢也。昔武王克商，通道九夷百蛮，使各以其方贿来贡，使无忘职业。于是肃慎贡楛矢，石砮，长尺有咫。先王欲昭其令德，以肃慎矢分大姬，配虞胡公而封诸陈。分同姓以珍玉，展亲；分异姓以远方职，使无忘服。故分陈以肃慎矢。'试求之故府，果得之。"（《史记》卷四七，点校本二十四史修订本，中华书局，2013年，第2317页）

长城，又派长子扶苏监军，主要是防匈奴。秦亡的直接原因是农民军的揭竿而起，间接原因则是劳民修长城、重兵防匈奴。否则，蒙恬率大军对付陈胜、吴广，而扶苏在始皇身侧，那么，陈胜之兵与赵高之谋，均恐难以遂其所愿，历史会是另种局面。所以，从某种意义上说，秦亡于匈奴。秦亡汉兴，亦有悲歌："高祖忍平城之耻，吕后弃慢书之诟。"[1]这说明当时农耕文化与草原文化冲突之激烈。西汉，汉武帝时卫青、霍去病大战匈奴；东汉，"匈奴尝以万骑入渔阳（今北京郊区），（张）堪率数千骑奔击，大破之，郡界以静。"[2]汉设立西域都护府，唐设立安西都护府和北庭都护府，都是农耕文化与草原文化交融的政治之果。

这一千年，文化繁荣，气势博大，世人震撼。万里长城，阿房宫殿，秦陵兵马俑，汉墓马王堆，司马迁的《史记》，司马相如的汉赋，王羲之的书法，阎立本的绘画，李杜的诗篇，大唐的宫殿，敦煌壁画，龙门石窟，张骞出使西域，玄奘西天取经，都向世界展示：中华文化，盛大光明，东西交流，景况空前。这不仅在中国，而且在世界，放射出人类文明史上的又一道光华。但是，在这场文化大交融中，也付出了沉重代价。王昭君的出塞和亲，蔡文姬的《胡笳十八拍》，木兰从军的传说，文成公主的故事，既奏着民族融合的乐章，也含着贵门闺秀的悲歌。东晋时的衰微，南北朝的离乱，也都是这场融合的记忆。

中原农耕文化与蒙古草原文化经过千年的文化冲突、聚合，草原文化冲突风浪虽暂时相对平静，同森林文化的冲突、聚合却波澜又起。

---

〔1〕《后汉书》卷九〇《乌桓鲜卑列传》，第 2992 页。
〔2〕《后汉书》卷三一《张堪传》，第 1100 页。

　　早在汉代，史有记载："挹娄，古肃慎之国也。在夫余东北千余里，东滨大海，南与北沃沮接，不知其北所极。土地多山险，人形似夫余，而言语各异。有五谷、麻布，出赤玉，好貂。无君长，其邑落各有大人。"[1]今黑龙江双鸭山地区，挹娄村落遗址，村屯房屋，星布遍地。几乎每个小山丘，就是一个村落。[2]虽文献记载不足，但可以看出一个森林文化发展的脉络来，就是从肃慎、挹娄、勿吉、靺鞨、女真、满洲，这条文脉承续下来的。

　　此期，两汉、三国、魏晋南北朝、隋、唐、五代十国，有大量的记载，如《淮南子》《三国志·魏书》《北齐书》《隋书》等。这个时期，由于森林文化的重要，相继在《后汉书·挹娄传》《三国志·魏书·挹娄传》《晋书·肃慎传》《魏书·勿吉传》《北史·勿吉传》以及《隋书·靺鞨传》《旧唐书·渤海靺鞨传》《新唐书·黑水靺鞨传》等均有专门记载。

　　这个千年，森林文化与农耕文化的交融，三件大事，值得关注：

　　其一，慕容儁在蓟城建都。鲜卑人居于大兴安岭到辽河流域，当属森林文化。西晋时，曾封鲜卑慕容部酋长为将军、都督。慕容部人皮肤细白，晋士族多买其妇女做婢妾，就连东晋明帝司马绍的母亲荀氏也是慕容部人。东晋永和六年（350），前燕主慕容儁从龙城（今辽宁朝阳）向南进兵，夺得幽州，攻入蓟城。元玺元年（352），慕容儁即皇帝位，定蓟城为国都，

───────────

〔1〕《后汉书》卷八五《东夷列传》，第2812页。
〔2〕黑龙江省文物考古研究所：《黑龙江省双鸭山市滚兔岭遗址发掘报告》，载王学良主编：《荒原觅古踪》，双鸭山市文物考古资料汇编委员会印本，2008年，第11—24页。

并修宫殿、建太庙、册皇后、立太子，是为北京史上少数民族首次在北京建都，史称"前燕"。慕容儁想组成一支150万人的大军，南进争雄，未果身死，在位11年。[1]蓟城作为前燕国都，仅6年。鲜卑人慕容儁迁都蓟城，是森林文化民族第一次在关内北京建都。这是东北森林文化进入中原政治舞台的历史信号。

其二，大祚荣建立渤海政权。粟末靺鞨部首领大祚荣，唐初时，率众徙居营州（今辽宁朝阳）。武则天时，又率部北居古挹娄之地。唐圣历元年（698），在今吉林敦化地区，自立政权，初称震（一作振）国，后称渤海。后都上京龙泉府（今黑龙江省宁安县渤海镇）。唐先天二年（713），唐遣使册拜大祚荣为左骁卫大将军，并册封为渤海郡王。祚荣遣子入侍，后每岁遣使朝贡，[2]辖区盛时达五京，十五府，六十二州。渤海政权，书载："渤海诸王，受唐封号，朝贡不绝。"[3]辽天显元年（926）被契丹所灭。渤海政权雄居一隅，存在214年，表明森林文化内涵力量之强大所在。

其三，安禄山以范阳为东都。唐天宝十四载（755），任范阳、平卢、河东三镇节度使的安禄山，从范阳（幽州）起兵反唐，揭开了东北方少数民族登上中国政治舞台的序幕。安禄山起兵范阳，拥15万众，号20万，步骑南进，烟尘千里，所过州县，望风瓦解。不久占领东京洛阳。第二年，安禄山自称大燕皇帝，年号圣武，以范阳为东都。安禄山分兵攻入西京长

---

〔1〕《晋书》卷一一〇《慕容儁载记》，中华书局点校本，1974年，第2842页。

〔2〕《旧唐书》卷一九九上《渤海靺鞨传·大祚荣传》，中华书局点校本，1975年，第5360—5363页。

〔3〕金毓黻编著：《渤海国志长编》上册，《社会科学战线》杂志社印，1982年，第149页。

安，唐玄宗偕杨贵妃仓皇出逃。安禄山次子安庆绪杀安禄山后，自立为燕帝。唐军收复长安，东击洛阳。安庆绪败弃洛阳后，被安禄山部将史思明所杀。史思明自立为大燕皇帝，并以范阳为燕京。史思明夺取洛阳后，又被其长子史朝义所杀。史朝义再自立为燕帝，兵败后退回范阳。广德元年（763），史朝义的范阳守将李怀仙等降唐，史朝义兵败途穷，"缢死医巫闾祠下"。[1]历时八年安史之变的战火，由范阳点燃，又在范阳熄灭。此后，藩镇割据，直至唐亡。

鲜卑人慕容儁建南燕，发其端；靺鞨人大祚荣建渤海政权，继其后；营州柳城胡人安禄山建大燕，破长安。森林文化，跨越黄河，抵达长安，影响深远。

以上慕容儁、大祚荣、安禄山发出的三个历史信号表明：东北森林文化要进入中原，同中原农耕文化进行较量、聚合与交融。

三

第三个千年　从北宋、辽、南宋、金、西夏到元、明、清，历经八代九十帝，共 996 年，大数算也是千年。中原农耕文化、西北草原文化继续融合，东北森林文化登上中原历史舞台。清朝的建立，标志着森林文化在中原文化中取得主导或主体的地位。先是森林文化的契丹、女真，占有半壁山河。而后，蒙古崛起，铁骑劲旅，驰骋欧亚，入主中原，建立大都。朱元璋以

---

〔1〕《新唐书》卷二二五上《史思明传附朝义传》，中华书局点校本，1975 年，第 6434 页。

"驱逐胡虏，恢复中华"相号召，建立了明朝，后又衰落。努尔哈赤举着"七大恨"告天的旗帜起兵，满洲崛兴，定鼎燕京，则是这次文化大碰撞的集中展现。这个时期，政治中心，南北摆动，但以北京为重心。北宋都汴梁（今开封）、南宋都临安（今杭州），辽都上京（今内蒙古巴林左旗波萝城），金都先在上京（今黑龙江省哈尔滨市阿城区）、后迁中都（今北京），元先在上都（今内蒙古锡林郭勒盟正蓝旗境）、后迁大都（今北京），明初都金陵（今南京）、后迁都北京，清初都盛京（今沈阳）、后迁都北京，中国两千多年皇朝历史政治中心的摆动，先是东西摆动，后是南北摆动，从而呈现大"十"字形摆动的特点。

千年文化，发生巨变。大碰撞，大融合，大代价，大发展，活字印刷，天禄琳琅，《册府元龟》《永乐大典》《古今图书集成》《四库全书》《皇舆全览图》《乾隆京城图》，宋元善本古籍，内阁大库档案，《清明上河图》《富春山居图》《千里江山图》《姑苏繁华图》，万里长城，京杭运河，明清宫殿，三山五园，避暑山庄，木兰围场，两宋美瓷，元青花瓷，明宣德炉，清珐琅彩瓶，苏州刺绣，扬州漆器，江宁云锦，杭州丝绸等，争奇斗艳，竞放奇葩。为此付出了沉重的代价："文天祥之丹心，朱元璋之义旗，袁崇焕之磔死，史可法之壮烈，顾炎武之气节，张煌言之英魂，以及'扬州十日''嘉定三屠'之悲剧，还有《桃花扇》之血泪，都是这段悲壮历史的血泪实录。"[1]

历史是胜利者与失败者、融化者与被化者共同参与、共同创造的。中华文化是中国各民族共同创造的。中国各个民族之

---

[1] 阎崇年：《大故宫》第3册，长江文艺出版社，2013年，第316页。

间，中原农耕文化与西北草原文化、东北森林文化，汉藏语系与阿尔泰语系，多元文化，相互交融，中原核心，一统政体，出现了中华大一统局面。具体映现，略举五例：

第一，国家版图一统。中华版图出现汉、唐、元、明、清等朝的大一统局面。其中，汉唐时期的千年，主要是农耕文化与草原文化的交融，森林文化或短暂、或局部地登上中华历史舞台一隅，但未在全国政治舞台上占主体或主导地位。元明时期虽然也有草原文化参与，但总体说来，处于过渡状态，就是农耕文化与草原文化、农耕文化与森林文化的交替、过渡阶段。清代森林文化登上中华文明舞台，出现版图大一统的新局面。

清朝时期，中华农耕文化、草原文化、森林文化的大融合，中华版图空前大一统，并由中央政府有效控制。版图大致是：东起大海，东北到库页岛，北自外兴安岭、贝加尔湖一线，西北到巴尔喀什湖，西达萨雷阔勒岭，西南到喜马拉雅山，南至曾母暗沙，东南到台湾及其以东岛屿，南北跨纬度约50°，东西跨经度约70°，总面积约为1400万平方公里，比欧洲还大些。中央政权对所辖版图任命官员、驻扎军队、征收赋税、科举取士、定期朝觐等，都是大一统的例证。

第二，民族多元一体。清朝民族认定，比较粗疏。大凡现今中华56个民族，清朝时都生息在中华大地上。清廷的民族与宗教政策，在中华皇朝史上，是比较得当的，各民族更加聚合、交融。

早在汉代，中原地域，农耕民众，称谓汉族。经过魏晋南北朝，到隋唐重新统一，出现中华的新概念。如唐太宗说："自古皆贵中华，贱夷狄，朕独爱之如一，故其部落皆依朕如父母。"[1]

匈奴、蒙古的历史难题，一直困扰中原王朝的君主。元蒙短暂统一，不久退回大漠。明朝蒙古强大时，正统己巳和嘉靖庚戌，两度叩打京师大门，又饮马鸭绿江，游牧天山西。其时女真人也受蒙古贵族的统治或奴役。森林文化主导中华大地后，天命和崇德时期的漠南蒙古（内蒙古），康熙时期的喀尔喀蒙古（外蒙古），乾隆时期的厄鲁特蒙古（西蒙古），繁难蒙古问题，得到较好解决。康熙帝说："昔秦兴土石之工，修筑长城。我朝施恩于喀尔喀，使之防备朔方，较长城更为坚固。"[2]明朝修长城为防御蒙古，清朝蒙古则成为抵御外来侵略的长城。"明修长城清修庙"。康熙帝说："柔远能迩之道，汉人全不理会。本朝不设边防，赖有蒙古部落为之屏藩耳。若有变动，或在中国，蒙古断无此虑。"[3]

清末民初，外蒙古有人要闹独立，蒙古贤达指出："蒙古疆域，向与中国腹地，唇齿相依，数百年来，汉蒙久成一家……我蒙同系中华民族，自宜一体出力，维持民国，与时推移。"[4]

新疆虽自西汉张骞通西域，唐朝设安西都护府，但清朝先设伊犁将军，实行军府管辖，继设新疆省，同内地一体管辖，用制度维系多民族的一体化。

---

〔1〕《资治通鉴》卷一九八，贞观十二年五月条，中华书局点校本，1956年。

〔2〕《清圣祖仁皇帝实录》卷一五一，康熙三十年五月初七日，中华书局影印本，1985年。

〔3〕《康熙起居注册》，康熙五十六年十一月二十六日丙子，中华书局影印本，2009年。

〔4〕《西盟会议始末记》，商务印书馆，民国二年（1913），第43页。

西藏至晚于元已然归属朝廷，继明之后，清廷册封达赖喇嘛、班禅额尔德尼，设驻藏大臣，在西藏驻军，实行金奔巴瓶掣签制，藏民融入华庭。

其他西北、西南、东南诸少数民族，经"改土归流"，行文化融合，也都融冶在多元一体的中华大家庭中。

总之，中国各个民族，尽管语系不同、民族不同、地域不同、生态不同，历史不同、宗教不同、文化不同、习俗不同，但是经过三千多年的三个时期的变局，到清末民初，已经形成统一的中华民族。

第三，语言两系一构。前已述及，中华 56 个民族，概要地分属于两大语系，即汉藏语系和阿尔泰语系——突厥语族、蒙古语族、满 - 通古斯语族，在清代随着森林文化的入主中原，不同语系、不同语族的旗民，都生活在大中华之内，彼此交融，相互影响。乾隆时编修的《五体清文鉴》，[1]即满文、藏文、蒙古文、维吾尔文、汉文五种文字对照合编，就是一个多民族文化融会的佳证。

第四，文化多元融合。满洲入主中原后，极力学习汉文化，促进满汉文化融合。由于都城文化是中华文化的一个展示台，所以多民族文化融合集中表现在都城文化上，下举四例，以做证明。

第一例，蒙古都城规划特色。元建大都，把蒙古草原文化带到大都，并体现在大都城的规划上。其一，太液为主，宫殿为客。大都城的布局，中心是太液池，其东岸为大内（皇宫），西岸南为隆福宫、北为兴圣宫，三组宫殿环围太液池而鼎足布

---

〔1〕《五体清文鉴》，民族出版社影印本，1957 年。

设。这种格局的文化原因是，对游牧民族来说，"不待蚕而衣，不待耕而食"[1]，随四时迁徙，逐水草移居，所以蒙古人视水草如生命，蒙古包选地也多在水边。明朝农耕文化的北京宫殿则相反：宫殿为主，太液为客。将皇宫用高墙围成紫禁城，西苑只是作为帝后游憩、娱乐之地。其二，宫殿建筑，取围帐式。蒙古人居住的蒙古包，有单体式、集合式和院心式等类型。王公贵族居住的蒙古包，呈院心式——中心设大帐，环列设小帐，再外有围垣。这种建筑形式映现在宫廷主要建筑上，宫与殿之间，加筑围廊和角楼，形成周庑角楼制。[2]史载：大明殿"周庑一百二十间，高三十五尺，四隅角楼四间，重檐"；延春阁"周庑一百七十二间，四隅角楼四间"。[3]这表明元代主要宫殿都有周庑及角楼。大都宫殿周庑角楼之制，既是中原农耕文化宫阙廊庑传统的继承，又是蒙古草原毡帐行止在宫殿建筑上的反映。其三，建筑装饰，崇尚绿色。如紫檀殿，"草色髹漆"；宫殿丹墀，种植青草；兴圣宫"丹墀皆万年枝"，就是种松树；典型的是今北京北海万岁山（琼华岛），山绿、水绿、树绿、草绿、石绿、殿绿，成为一片绿色世界——这是蒙古草原文化在大都宫苑建筑色彩的鲜丽体现。

第二例，满洲改变宫殿规制。以皇宫坤宁宫为例。坤宁宫在明代是皇后寝居的正宫，共九间。清将其按照盛京（沈阳）清宁宫的格局加以改建，使中部和西部成为萨满祭神的场所。正门开在偏东一间，其东北角隔出一小间，里面安置煮肉的三

---

[1] 《元史》卷九三《食货志一》，中华书局校点本，1974 年，第 2354 页。

[2] 朱偰：《元大都宫殿图考》，北京古籍出版社，1990 年，第 4 页。

[3] 陶宗仪：《南村辍耕录》卷二一《宫阙制度》，中华书局，1959 年。

口大锅，外面有杀猪、打糕（供品）的用具；宫内东边两间暖阁留作皇帝大婚临时居住的洞房；中间四间为祭神场所，北、西、南三面有连通大炕；西边一间存放佛像、神像、祖宗板子及祭祀用品；两端各有通道一间。窗户改明代菱花格窗为满洲式直棂吊窗，窗纸糊在窗外。门前有祭天神杆（索罗杆子）。祀日，在宫内杀猪、煮肉、献礼。奉猪颈骨及猪胆、肉、米于索罗杆顶的斗内。礼成，帝、后等坐在炕上受胙肉。宫殿的西暖殿后墙外，按关外习俗，矗立起烟囱，为煮祭肉时出烟之用。

第三例，兴建皇家园林。清朝开国帝王，长期生活在关外，过着森林文化生活。他们喜动不喜静，耐寒不耐热。摄政王多尔衮曾说过：北京春秋尚可，暑夏溽热难耐。[1]他要在塞外建避暑的喀喇城，既能避暑，又能狩猎。但是，事未成，身先死。顺治帝在位时间较短，常在南苑狩猎，或到京东游幸。到康熙、雍正、乾隆三朝，社会比较安定，府库财力充裕，造园经验丰富，满洲崇尚骑射，兴建避暑、狩猎、游乐、理政的皇家园林，在从而使京师皇家园林有新的开拓，尤其是"三山五园"的建设，成为中国古典园林史上的明珠。承德避暑山庄，则成为清代多民族文化融合的一个政治象征。

第四例，整合中华文化。以军事征服文化者，而被其文化所征服。满洲入主中原，提供新的实例。满洲以弓马得天下，又被农耕文化所融合。清康、雍、乾、嘉等朝，集中全国文萃，汇集京师，整理编纂册籍，敕撰百余种，十万余卷。其中，辞书《佩文韵府》（444卷）、志书《一统志》（500卷）、《全唐

---

[1]《清世祖章皇帝实录》卷四九，顺治七年七月乙卯，中华书局影印本，1986年。

诗》（900卷）、《全唐文》（1000卷）、《古今图书集成》（10000卷），还有《满文大藏经》《四库全书》《皇舆全览图》《乾隆京城全图》《五体清文鉴》等。

整理《无圈点老档》（又称《满文老档》《旧满洲档》《满文原档》）。其原本40册，现藏台北故宫博物院。清廷敕编《八旗通志》《钦定满洲源流考》《钦定满洲祭神祭天典礼》等。

这样，中原农耕文化与西北草原文化、东北森林文化经过三千年交融，其汉藏语系与阿尔泰语系进一步交融，出现中华大一统的局面。

但也有冲突。满洲文化推崇"国语骑射"，也推行满洲服装与发型。这就发生"留头不留发、留发不留头"的文化冲突。所以满汉文化有融合面也有冲突面。开始努尔哈赤是强力推行满洲文化，遇到强烈反抗，如往井里投毒、暗杀、民变。皇太极时做了一些调整，多尔衮时矛盾又加突出。康熙时再逐渐缓和。有人说：世界四大文明古国，只有中国文明没有中断、得以延续，清朝的文化政策有其积极的一面。

第五，经济多元一主。满洲能够在中原站住脚，跟其文化四元性特点有关。满洲的渔猎经济，在黑龙江中下游地区融合赫哲、鄂伦春等民族，并建立起巩固的统治；满洲的牧业经济，跟蒙古有共同的文化基础，还属于共同语系，建立起满蒙婚姻、军事、政治与文化的联盟；满洲的农耕经济，到了中原地区跟汉族农耕文化结合，始能稳住，后能巩固，长达268年。

中国到清朝康雍乾时代，出现农耕文化、草原文化、森林文化、高原文化和海洋文化的中华文化空前大融合。在明清盛时，中原农耕文化核心地区面积约400万平方公里，而草原文化、森林文化、高原文化其面积也各约300万平方公里。再加上沿海地区及岛屿，还有其他地区，展现了总面积达1400多万平方公里的大中华版图。中华文化以强大的包容性，融汇了上述五种文化形态，"你中有我，我中有你"，既保证了中华文化绵延五千年而未中断，也为与世界其他文化交流储存了丰富的中华元素。万里长城、大运河、明清故宫则是中华文化分别在三个千年变局中，向世界文明贡献的三大厚礼。伟大的中国人，自强不息，厚德载物——中华文化将多种文化的江河，汇聚成为中华文化的海洋。

总之，中国有文字记载的三千多年历史，经过三个千年大变局，进行三次文化大交融——第一次主要是农耕文化内部的交融，森林文化处于边缘状态；第二次主要是农耕文化与草原文化的交融，森林文化发出进入中原的历史信号，同时农耕文化内部也在交融；第三次主要是森林文化入主中原，农耕文化与森林文化、草原文化、高原文化的大交融。农耕文化、草原文化、森林文化在两种语言体系交融中，亦霸道、亦王道，亦友好、亦争斗，友好并不排斥争斗存在，争斗也不阻隔交汇融合，呈现着文化的包容性、吸纳性、多元性和创新性，开出中华文化之花，结出中华文化之果。三个千年变局的实质是由变而合，由合而大，最终统合为大中华文化，生生不息，骎骎健行。三个千年变局所形成统一多民族的持久稳固的中华文化共同体，屹立于世界民族文化之林。

（本文原载《辽宁大学学报（哲学社会科学版）》2014年第1期，收入本书时个别文字稍有改动）

参考书目

一　中国古籍

《尚书正义》，十三经注疏本，北京：中华书局影印本，1980 年。

《史记》，点校本二十四史修订本，北京：中华书局，2013 年。

《汉书》，北京：中华书局点校本，1962 年。

《后汉书》，北京：中华书局点校本，1965 年。

《三国志》，北京：中华书局点校本，1959 年。

《晋书》，北京：中华书局点校本，1974 年。

《北齐书》，北京：中华书局点校本，1972 年。

《魏书》，北京：中华书局点校本，1974 年。

《北史》，北京：中华书局点校本，1974 年。

《隋书》，北京：中华书局点校本，1973 年。

《旧唐书》，北京：中华书局点校本，1975 年。

《新唐书》，北京：中华书局点校本，1975 年。

《宋史》，北京：中华书局点校本，1977 年。

《辽史》，北京：中华书局点校本，1974 年。

《金史》，北京：中华书局点校本，1975 年。

《元史》，北京：中华书局点校本，1976 年。

《明史》，北京：中华书局点校本，1974 年。

《清史稿》，北京：中华书局标点本，1976—1977 年。

《清史稿校注》，台北：台北商务印书馆，1999 年。

《清史列传》，上海：中华书局，1928 年。

《明太祖实录》（洪武），台北："中央研究院"历史语言研究所校勘本，
　　1962年。

《明太宗实录》（永乐），台北："中央研究院"历史语言研究所校勘本，
　　1962年。

《明宣宗实录》（宣德），台北："中央研究院"历史语言研究所校勘本，
　　1962年。

《明英宗实录》（正统、天顺），台北："中央研究院"历史语言研究所校勘
　　本，1962年。

《明宪宗实录》（成化），台北："中央研究院"历史语言研究所校勘本，
　　1962年。

《明世宗实录》（嘉靖），台北："中央研究院"历史语言研究所校勘本，
　　1962年。

《明神宗实录》（万历），台北："中央研究院"历史语言研究所校勘本，
　　1962年。

《明熹宗实录》（天启），台北："中央研究院"历史语言研究所校勘本，
　　1962年。

《明毅宗实录》（崇祯），台北："中央研究院"历史语言研究所校勘本，
　　1962年。

《满洲实录》，北京：中华书局影印本，1986年。

《清太祖高皇帝实录》，北京：中华书局影印本，1986年。

《清太祖武皇帝实录》，台北故宫博物院藏本，台北：台湾广文书局影印
　　本，1970年。

中国第一历史档案馆、中国人民大学国学院合编：《清太祖满文实录大全》，
　　沈阳：辽宁民族出版社，2016年。

《清太宗文皇帝实录》，北京：中华书局影印本，1985年。

《清世祖章皇帝实录》，北京：中华书局影印本，1985年。

《清圣祖仁皇帝实录》，北京：中华书局影印本，1985年。

《清世宗宪皇帝实录》，北京：中华书局影印本，1985年。

《清高宗纯皇帝实录》，北京：中华书局影印本，1985—1986年。

《清仁宗睿皇帝实录》，北京：中华书局影印本，1986年。

《清宣宗成皇帝实录》，北京：中华书局影印本，1986年。

《清德宗景皇帝实录》，北京：中华书局影印本，1987年。

《清宣统政纪》，北京：中华书局影印本，1987年。

《满文老档》，北京：中华书局译注本，1990年。

冯明珠主编《满文原档》，台北故宫博物院藏，台北：沉香亭企业社影印本，2006年。

《康熙起居注册》，北京：中华书局影印本，2009年。

《康熙起居注册》，台北：联经出版公司影印本，2009年。

徐梦莘《三朝北盟会编》，文津阁《四库全书》本，国家图书馆善本部藏。

宇文懋昭撰，崔文印校证《大金国志校证》，北京：中华书局，1986年。

池内宏辑录《明代满蒙史料李朝实录抄》，东京：东京大学文学部，1953—1959年。

河内良弘辑录《明代满蒙史料明实录抄》，京都：京都大学文学部，内外印刷株式会社印，1954—1959年。

《明清史料》甲编，第一本，南京：中央研究院历史语言研究所刊印，1930年。

《明经世文编》，北京：中华书局影印本，1962年。

瞿九思《万历武功录》，北京：中华书局影印本，1962年。

何秋涛《朔方备乘》，宝善书局石印本。

张存武、叶泉宏编《清入关前与朝鲜往来国书汇编（1619—1643）》，台北："国史馆"印行，2000年。

《八旗通志初集》，长春：东北师范大学出版社，1985年。

《钦定八旗通志》，长春：吉林文史出版社，2002年。

《钦定八旗满洲氏族通谱》，沈阳：辽沈书社，1989年。

《钦定满洲源流考》，台北：文渊阁《四库全书》影印本，1986年。

《钦定满洲祭神祭天典礼》，台北：文渊阁《四库全书》影印本，1986年。

《天聪朝臣工奏议》，沈阳：辽宁大学历史系编铅印本，1980年。

祁韵士《皇朝藩部要略》，筠渌山房本，全国图书馆文献缩微复制中心，1993年。

《盛京吉林黑龙江等处标注战迹舆图》，乾隆四十三年（1778）内府本。

何尔健著，何兹全、郭良玉编校《按辽御档疏稿》，郑州：中州书画社，1982年。

魏源《圣武记》，北京：中华书局点校本，1984年。

《大金喇嘛法师宝记》,《辽阳碑志选》第 1 集, 自刊本。

《大喇嘛坟塔碑记》,《辽阳碑志选》, 第 2 集, 自刊本。

二　中国近人著作

凌纯声《松花江下游的赫哲族》, 南京: 中央研究院语言研究所刊本,
　　1934 年。

石荣暲《库页岛志略》, 荣城仙馆本石印本, 民国二十四年 (1935)。

罗福颐编著《满洲金石志》, 长春: 满日文化协会印行本, 1937 年。

陈捷先《满洲丛考》, 台北: 台湾大学文学院刊印, 1963 年。

金毓黻编著《渤海国志长编》, 长春: 社会科学战线杂志印, 1982 年。

阎崇年《努尔哈赤传》, 北京: 北京出版社, 1983 年。

冯尔康《雍正传》, 北京: 人民出版社, 1985 年。

李树田编《海西女真史料》, 长春: 吉林文史出版社, 1986 年。

孙文良《满族崛起与明清兴亡》, 沈阳: 辽宁大学出版社, 1992 年。

禹硕基、刘毅、窦重山主编《渤海国与东亚细亚》, 沈阳: 辽宁大学出版
　　社, 1995 年。

周远廉《清朝通史·乾隆朝》, 北京: 紫禁城出版社, 2003 年。

张碧波、张军《渤海国》, 哈尔滨: 黑龙江人民出版社, 2011 年。

高凯军《通古斯族系的兴起》, 北京: 中华书局, 2012 年。

孙进己、冯永谦总纂《东北历史地理》, 哈尔滨: 黑龙江人民出版社, 2013 年。

首都博物馆、黑龙江省博物院编《白山·黑水·海东青——纪念金中都建
　　都 860 周年特展》, 北京: 文物出版社, 2013 年。

宋玉彬等主编《俄罗斯滨海边疆区渤海文物集萃》, 北京: 文物出版社,
　　2013 年。

宋玉彬等主编《俄罗斯滨海边疆区女真文物集萃》, 北京: 文物出版社,
　　2013 年。

阎崇年《清朝开国史》(上下卷), 北京: 中华书局, 2014 年。

阎崇年《康熙帝大传》, 北京: 中华书局, 2016 年。

阎崇年《阎崇年自选集》, 北京: 九州出版社, 2016 年。

魏国忠、朱国忱、郝庆云著《渤海国史》(修订版), 哈尔滨: 黑龙江人民
　　出版社, 2017 年。

三　朝鲜文献

《龙飞御天歌》，朝鲜古书刊行会本。

《李朝太宗实录》，东京：日本学习院东洋文化研究所影印本，1959 年。

《李朝世宗实录》，东京：日本学习院东洋文化研究所影印本，1959 年。

《李朝世祖实录》，东京：日本学习院东洋文化研究所影印本，1959 年。

《李朝宣祖大王实录》，东京：日本学习院东洋文化研究所影印本，1959 年。

《李朝宣祖修正实录》，东京：日本学习院东洋文化研究所影印本，1959 年。

《李朝光海君日记》，东京：日本学习院东洋文化研究所影印本，1959 年。

《李朝仁祖大王实录》，东京：日本学习院东洋文化研究所影印本，1959 年。

申忠一《建州纪程图记》，日文本，长春：建国大学刊印，1939 年。

李民寏《建州闻见录》，京都：日本天理大学图书馆藏玉版书屋本。

李民寏《栅中日录》，京都：日本天理大学图书馆藏玉版书屋本。

《沈馆录》，《辽海丛书》影印本，沈阳：辽沈书社，1985 年。

四　日人著作

《兴京二道河子旧老城》，日文本，建国大学刊印，1939 年，长春。

满文老档研究会译注《满文老档》Ⅰ，太祖一，东京：东洋文库，1955 年。

满文老档研究会译注《满文老档》Ⅱ，太祖二，东京：东洋文库，1956 年。

满文老档研究会译注《满文老档》Ⅲ，太祖三，东京：东洋文库，1958 年。

阿南惟敬《清初军事史论考》，东京：甲阳书房，昭和五十五年（1980）。

和田清《明代蒙古史论集》，北京：商务印书馆，1984 年。

神田信夫《满学五十年》，东京：刀水书房，1992 年。

河内良弘《明代女真史的研究》，京都：同朋舍，1992 年。

今西春秋《满和蒙和对译满洲实录》，东京：刀水书房，1992 年。

江嶋寿雄《明代清初の女直史研究》，福冈：中国书店，1999 年。

松村润《清太祖实录の研究》，东京：东北亚文献研究会，2001 年。

冈田英弘著，陈心慧、罗盛吉译《从蒙古到大清——游牧帝国的崛起与承续》，台北：台北商务印书馆，2016 年。

杉山正明著，郭清华译《疾驰的草原征服者：辽、西夏、金、元》，台北：台北商务印书馆，2017 年。

大政正隆主编，白云庆等译《森林学》，北京：中国林业出版社，1984 年。

梅原猛著，卞立强、李力译《森林思想——日本文化的原点》，北京：中国国际广播出版社，1993 年。

五　西人著作

马克《黑龙江旅行记》，哈巴罗夫斯克（伯力），1859 年。

格鲁兹捷夫《阿穆尔》，彼得堡，1900 年。

戈鲁勃佐夫《阿尔巴津古城史》，布拉戈维申斯克，1902 年。

阿尔谢尼耶夫《乌苏里地区的中国人》，哈巴罗夫斯克（伯力）出版，1914 年。

В.Г. 聂斯切洛夫著，蔡以纯等译《森林学》，北京：中国林业出版社，1957 年。

魏特《汤若望传》，上海：商务印书馆，1949 年。

白晋著，马绪祥译《康熙帝传》，载《清史资料》第一辑，北京：中华书局，1980 年。又有黑龙江人民出版社译本，1981 年。

史禄国著，吴有刚、赵复兴、孟克译《北方通古斯的社会组织》，呼和浩特：内蒙古人民出版社，1984 年。

司徒琳著，李荣庆等译《南明史》，上海：上海古籍出版社，1992 年。

史禄国著，高丙中译，刘小萌校《满族的社会组织——满族氏族组织研究》，北京：商务印书馆，1997 年。

马国贤著《清廷十三年：马国贤回忆录》，上海：上海古籍出版社，2004 年。

格鲁塞（Grousset，R.）著，李德谋、曾令先译《草原帝国》，南京：江苏人民出版社，2011 年。